ediciones carena

STOP

Alarma contra la mercantilización y destrucción de lo vivo

Marc Chesney[1]

Traducción de Eulogio Fernández

---

1   Marc Chesney es profesor en la Universidad de Zúrich, después de haberlo sido en HEC París (Escuela de Estudios Superiores de Comercio). Lleva muchos años desarrollando un análisis crítico de las finanzas de casino, de la mercantilización de la vida y de la condescendencia académica en economía con respecto al poder del dinero. Es autor del libro *La crisis permanente – La oligarquía financiera y el fracaso de la democracia*.

Primera edición: diciembre de 2024

© Marc Chesney, 2024

Traducido del frances al español

©Traducción de Eulogio Fernández

© Ediciones Carena, 2024

Ediciones Carena
c/ de l'equador 45, local 6
08014 Barcelona
T. 933 131 908
info@edicionescarena.com
WWW.EDICIONESCARENA.COM

Diseño de la maquetación: Tania López
Imagen de portada: MidJourney

Coordinación y revisión: Kaicy Orellana

Depósito legal B 23638-2024

ISBN 979-13-87623-03-6

Impreso en España - Printed in Spain

El grito, Edvard Munch,1895

El autor le agradece a su amigo, Eulogio Fernández, la excelente traducción del libro del francés al castellano y los fructíferos intercambios que ha tenido con él.
También quiere aprovechar la opurtunidad para recordar a los amigos de Alarma.

Por último, quiere expresar su más profundo reconocimiento a sus padres cuya personalidad, coraje y cultura ha guiado su pluma.
Dedica este libro a su memoria con todo el corazón

ÍNDICE

Prólogo

En este libro, fruto de muchos años de reflexión, el autor plantea un análisis crítico de las finanzas de casino, de la mercantilización de la naturaleza y del poder político. La democracia se ha convertido en la máscara virtuosa de un despotismo de oligarcas cínicos y sin escrúpulos que no se detienen ante nada cuando se trata de aumentar su riqueza y su poder. La libertad de contaminar, de destruir organismos vivos a grandísima escala, de aumentar las emisiones de gases de efecto invernadero, de acumular riquezas estrafalarias y sin sentido y, por último, de quebrantar las condiciones de trabajo y de vida de la inmensa mayoría, es de hecho una dictadura.

Este libro también pretende contrarrestar el sentimiento de impotencia que nos asalta ante las catástrofes, pasadas, presentes, e incluso futuras, si no se hace nada al respecto. Aún estamos a tiempo de actuar para detener la apisonadora que nos aplasta, para que las generaciones presentes y futuras puedan tener perspectivas más alentadoras que las del calentamiento global o el invierno nuclear, y para que nuestras vidas sean por ende más respirables. El libro da algunas pistas orientativas para hallar soluciones.

"Decidíos a dejar de servir, y seréis libres»
Discurso de la servidumbre voluntaria, Étienne
de La Boétie, 1548

"Nadie tiene el derecho a obedecer"
Hannah Arendt, 1964

*"El mundo no recompensa la honestidad y la independencia,
recompensa la obediencia y la servidumbre"*
Entender el poder, Noam Chomsky, 2006.

Introducción: La gota ya ha colmado el vaso

Cuando empecé a escribir este libro, el año 2022 no había acabado. Dicho año había comenzado con las críticas de la película *Don't look up* -No mires arriba-, en la que los políticos negaban la evidencia de la inminente destrucción de la vida humana cuando era indudable que un cometa iba a impactar en la Tierra. Pese a ello, la gente, en general, seguía con su rutina diaria. Pues este verano de 2022 me recuerda esta ficción. Desde este punto de vista, la película era profética, incluso realista. Fue presentada como una comedia cuando en realidad es una tragedia.

A finales de febrero de 2022, con el ataque de las fuerzas rusas en Ucrania, aumentó repentinamente el peligro de una tercera guerra mundial. A pesar de las intensas olas de calor que nos abrumaron este verano, de la desaparición a gran escala de especies animales, incluidas las de los vertebrados que se habrían desplomado de cerca de 70% en 50 años[2], a pesar también de la extinción de los insectos, en grave declive[3], y de la contaminación... ¡qué suerte hemos tenido que el año finalizara con los deseos supuestamente reconfortantes, de hecho soporíficos o falaces, de los grandes líderes mundiales! Pues Emmanuel Macron declaró el 31 de diciembre de este mismo año; "¿Quién hubiera podido predecir […] la crisis climática con efectos tan espectaculares para este verano en nuestro país?" "¿Quién?", ¿Cómo puede atreverse a formular semejante

---

2   Véase: Rapport Planète Vivante 2022, WWF.

3   Véase: Déclin des insectes : l'urgence d'agir, Jean-Baptiste Veyrieras, CNRS- Le Journal, 26.01.2021, en el que el autor menciona los graves efectos de los pesticidas y de la deforestación.

pregunta? Pues la respuesta es obvia, o debería serlo para un jefe de Estado: pues son la mayoría de los científicos y meteorólogos que no sólo predicen la crisis climática desde hace varios decenios, sino que también analizan sus desarrollos en el transcurso del tiempo. No paran de hacer sonar la alarma en cuanto a las alteraciones y desastres asociados a las emisiones de CO_2 y demás gases de efecto invernadero, como el metano cuyos efectos son particularmente peligrosos. Más claro el agua, el vaso está a rebosar, desde hace ya mucho tiempo.

No cambiar nada en lo fundamental, fingiendo estar preocupados por la naturaleza y el calentamiento global, impulsando cambios insuficientes, incluso marginales o contraproducentes, es lo que caracteriza en general a gobiernos, grandes empresas y bancos sistémicos. Pretender que la energía nuclear o el gas pueden ser fuentes de energía sostenibles, o que pueden permitir la transición hacia dichas energías es un despropósito. Negar esta realidad es condenable y criminal. El calentamiento global, los accidentes nucleares y la contaminación matan, y la extinción del reino animal conduce ineluctablemente a la desaparición del género humano. La deforestación acentúa la desertización y destruye los hábitats de las especies animales no domesticadas. La digitalización de la economía, presentada a menudo como una solución, aumenta las emisiones de CO_2, aunque sólo sea con el envío de correos electrónicos y la hormigonización de la naturaleza mediante la construcción de enormes centros de procesamiento de datos[4]. La "minería" de una criptodivisa como el Bitcoin, que supuestamente permite

---

4   Véase: Quand Internet bétonne la France, Jérôme Fourquet, Catherine Cusset Christophe Boltanski, Zadig n°14, 8 de junio de 2022.

verificar las transacciones en esta criptomoneda (de papel mojado), genera emisiones de CO_2 cercanas a las generadas por un país como Jordania[5]. El vaso está lleno, incluso está a rebosar.

¿Y qué proponen, en su mayoría, los economistas para hacer frente a estos desastres? El crecimiento verde, ¡por supuesto! Pero, eso sí, produciendo y consumiendo a gran escala, so pretexto de que hay que pagar una deuda global abismal, tanto privada como pública, imposible de saldar en su totalidad. Así pues ¡que siga la fiesta! Que sigan los vuelos de fin de semana y la compra de todoterrenos 4×4, por cierto cada vez más frecuentes en las grandes ciudades. Desplazar unas 2 toneladas[6] para ir de compras, solo, en un coche, que sea eléctrico o no, no solucionará los problemas, sino que los agravará. Utilizar este tipo de coche es un signo de delincuencia medioambiental, como bien señala Aurélien Barrau[7]. Este estilo de vida es el símbolo de un cierto estatus social que puede

5   Las actividades de minería de Bitcoin producen emisiones de CO_2 comprendidas entre 22.0 y 22.9 millones de toneladas por año. Véase: *The Carbon Footprint of Bitcoin*, Christian Stoll, Lena Klaaßen, Ulrich Gallersdörfer, Joule, 17 de julio de 2019.

6   En los Estados Unidos, por ejemplo, entre los años 1990 y 2022, el peso medio de los coches más recientes ha aumentado del 26% y en 2021, los todoterrenos (4×4, VAN…) correspondían al 63% de la totalidad de las ventas, El promedio de la cantidad de personas transportadas, muy baja ya en 1977, con el 1,87, ha seguido bajando para alcanzar 1,5 personas en 2019. Véase : *Personal Transportation Factsheet*, Center for Sustainable Systems, University of Michigan, 2024.

7   Véase: *Le plus grand défi de l'histoire de l'humanité*, Aurélien Barrau, éditions Michel Lafon, 2020.

impresionar al propio entorno además de a sí mismo. En realidad, todo ello es baladí, ridículo y egoísta. Las generaciones futuras también tienen derecho a respirar aire limpio y tener acceso a agua potable. Confundir el ser con el parecer o el tener es característico de este sistema en profundo declive y resulta especialmente nocivo.

"Siempre más" rara vez es sinónimo de "siempre mejor". Se trata de saber lo que es suficiente para vivir de forma digna, sobria y en armonía con la naturaleza, de la que formamos parte. La insaciable búsqueda de competitividad, inherente al capitalismo financiarizado, es incompatible con uno objetivo como este.

Para promover este supuesto crecimiento verde, los economistas abogan la mayoría de las veces por la creación de mercados, que habrían de ser líquidos, eficientes y perfectos... Esta es la principal herramienta de la que disponen y que pretenden utilizar en cualquier situación para aumentar los intercambios y, por tanto, el crecimiento, que se supone será verde a partir de ahora, ¡cómo no! Para limitar las emisiones de CO_2: creación de un mercado de derechos de emisión, como el que existe en la Unión Europea, y que hasta ahora, sea dicho de paso, no ha dado los resultados esperados. Si una empresa emite un volumen de CO_2 superior al previsto pues ¡no pasa nada!, tendrá que adquirir un número suficiente de dichos derechos. Siguiendo esta misma lógica, se están desarrollando mercados en los que se contemplan permisos para destruir parcelas de biodiversidad. Si una empresa destruye un ecosistema y las poblaciones animales que viven en él, tendrá entonces que adquirir derechos para hacerlo, en el marco de unas plataformas de intercambio. Ya existen mercados como estos en Australia, concretamente en Nueva Gales del Sur, y en Gran Bretaña. Se están estudiando y pronto deberían activarse en otros lugares del mundo: en Francia, Nueva Zelanda, etc. Se supone que han de compensar la devastación de los hábitats naturales de un lugar determinado con inversiones que supuestamente crearán otros nuevos habitats en otros lugares...[8] Una vez reducida a mero capital, la naturaleza es financiariza.

Poner precio a los seres vivos, ya sean especies animales o vegetales, no los protege, sino que permite procesar sus mermados servicios en nuevos mercados, venderlos o comprarlos y generar así comisiones para las instituciones financieras implicadas en este comercio particularmente repugnante[9]. Mercantilizar la naturaleza equivale a negarla, a destruirla, con la cínica pretensión de protegerla. Privatizarla, pretendiendo preservarla y disfrutarla de forma más eficaz, implica privar a los ciudadanos de a pie de un recurso

---

8   Para este tema, véase: *UK biodiversity unit market: trading permits to destroy nature as a way to protect it?* Frédéric Hache, Green Finance Observatory, junio de 2022.

9   La «Nature positive economy», promovida por el World Economic Forum y el WWF, es un ejemplo deslumbrante de la mercantilización de lo vivo y de la financiarización de la naturaleza. Véase el *Call to Action to Ensure Transition to a Net Zero and Nature Positive Economy*, WWF, 2022, así como la respuesta de la Green Finance Observatory de septiembre de 2022 : *Nature must be protected from the «Nature positive economy»*.

común vital, y ello, de forma inmoral y cruel.[10] Para los gobiernos que fomentan estos proyectos, se trata de fingir que preservan la biodiversidad, al tiempo que mantienen objetivos de crecimiento y competitividad[11] que son precisamente incompatibles con dicha protección. Estos objetivos implican, entre otras cosas, la creación de nuevos productos financieros y nuevos mercados para complacer unas finanzas permanentemente oportunistas.

Apropiarse de lo vivo para exterminarlo, como se lleva haciendo desde hace mucho tiempo, por ejemplo con la esclavitud, desde su forma clásica hasta la moderna, seguiría permitiéndose, pero ahora se trataría de hacerlo como es debido, respetando las reglas, ¡las del mercado, por supuesto! ¡Realmente, el vaso está a rebosar!

Un mercado eficaz y perfecto permitiría determinar exactamente el precio de una tonelada de CO_2, de una población de insectos en peligro de extinción... De este modo se les atribuye a los mercados cualidades que no tienen, ya que lo que tiene valor no tiene precio. Visto así, una especie animal se caracterizaría por su

---

10   En un país como Colombia, por ejemplo, grandes multinacionales, o bandas mafiosas, se apropian despiadadamente de las orillas de los ríos. Esto conlleva desplazamientos forzados de la población. Les ha tocado sufrirlo a unos 6 millones de personas entre 1958 y 2020. Aquellos que se oponían a la compra de sus tierras por un precio ridículo, es decir a su expropiación, fueron muy a menudo eliminados poco tiempo después de la « oferta » de compra. Fueron unas 100.000 personas durante el mismo periodo de tiempo. Véase la tesis de doctorado de Maria Ordonez Cruz, *Encuentros en el rio, desaparición, memoria, agua y otras formas de encuentros en Columbia*, universidad de Zúrich, 2022.

11   Véase la intervención de Frédéric Hache, en el marco de la conferencia titulada *Repairing and restoring Nature in a beyond growth perspective: is putting a price on biodiversity the right way to go?*, impartida en Bruselas, en el Parlamento europeo, el 16 de mayo de 2023.

"valor de mercado" y su utilidad para la especie humana, o mejor dicho, para la casta que habla en su nombre y concentra entre sus manos un poder político y financiero extremo y peligroso. Desde lo alto de su pedestal, en sus jets privados o superyates, esta casta va decidiendo quién tiene derecho a seguir vivo, de acuerdo con su utilidad, y quién merece ser arrojado al cubo de la basura. Probablemente esta considere que los osos polares son perezosos, que las hormigas son inútiles y que los insectos en general son nocivos. Pero desde el punto de vista de las demás especies, ¿hasta qué punto tiene utilidad la raza humana que las perjudica a todas ellas? Es una pregunta que evidentemente no tiene cabida en la cabeza de los defensores de la doctrina económica tradicional, tal y como se enseña y se reproduce en el sereno mundo académico, donde está bien visto mantener la neutralidad. Cuando estos se implican en una campaña, suele ser por causas benéficas, que con demasiada frecuencia no son sino sutiles ajustes del amor propio. Son valientes, eso sí; pero no temerarios.

La financiarización de las mentes y la mercantilización de las relaciones humanas han alcanzado niveles preocupantes. Antes de Copérnico, se suponía que todo el universo giraba en torno al planeta Tierra. Hoy, todas las especies orbitarían alrededor de una de ellas, la humana, y sobre todo de la casta que la dirige. Esta casta se reserva el derecho de vida o muerte para cada especie, en función de su utilidad y de su precio en el mercado, sin que para nada le atormente el carácter inmoral y criminal de sus actividades.

Haría falta una auténtica revolución copernicana en la esfera *socioeconómica* para volver a poner las cosas en perspectiva y determinar, en última instancia, quién gira en torno a quién. La actual inquisición descrita en este libro, eso es, el poder, la mayoría de los medios de comunicación, los economistas convencionales... hace todo cuanto puede por impedirla y mantener el statu quo.

La alienación persiste mediante el célebre adagio "pan y circo", lo que en el mundo actual correspondería a "comida rápida y diversión". Cualquier crítica es presentada como despectiva hacia los consumidores ávidos de contribuciones en las redes sociales, de proezas futbolísticas por parte de jugadores millonarios o incluso multimillonarios, que corren detrás o delante de un esférico; ávidos de series de televisión producidas y reproducidas en cadena, casi siempre con los mismos ingredientes, la violencia y la vulgaridad utilizadas a saciedad. La telebasura es también moneda corriente, como *"Sálvame" o "Gran Hermano"* en España. La oligarquía necesita el embrutecimiento generalizado, la planificación de una ignorancia enseñada cuyos progresos "lejos de ser el efecto de una lamentable disfunción de nuestra sociedad, se han convertido por el contrario en una condición necesaria para su propia expansión"[12]. Formar ciudadanos con espíritu crítico no cabe, obviamente, en los planes del actual sistema educativo.

Para crear distracción, la "sociedad del espectáculo"[13] se da en espectáculo permanente. Pero este es de pésima calidad. 24 horas, 7 días a la semana, refleja su propia imagen, en un narcisismo y una esquizofrenia sin límites. Hace que los espectadores puedan ver la virtualidad de múltiples agresiones en sus pantallas, mientras aspiran a la paz y la tranquilidad; hace que tengan fácil acceso a una profusión de películas y series centradas en asesinatos y violencia de todo tipo, mientras buscan seguridad; hace que combinen el consumo de películas que inducen a la ansiedad con la toma de tranquilizantes. Como dichos espectadores casi nunca quieren sufrir directamente ellos mismos las consecuencias de una guerra, la

---

12   Véase: *L'enseignement de l'ignorance et ses conditions modernes*, Jean-Claude Michéa, Climats, 2006

13   Véase: *La sociedad del espectáculo*, Guy Debord, Pre-Textos, 2005.

"sociedad del espectáculo" les proporciona numerosos vídeos que ensalzan las virtudes de las armas de destrucción masiva y su venta y uso en países lejanos. Las distracciones son atractivas en principio, y sirven para neutralizar la angustia generada por la palabrería repetitiva de los medios de comunicación sobre los riesgos de una guerra atómica asociada al conflicto de Ucrania. Y de hecho, en 2022, nos bombardearon con retransmisiones de partidos del mundial de fútbol, con imágenes e informaciones sobre el mercado de fichajes y las compras de jugadores del Real Madrid y del PSG, o mejor dicho del QSG, Qatar Saint Germain, o con tal o cual declaración impactante de una estrella del esférico. Lo importante es que este siga rodando, pese al hecho de que en el fondo nada esté "rodando" muy bien en el mundo actual. Vivimos tiempos fabulosos, ¿no es así?

¿En principio, no resulta obvio pronunciarse en contra del calentamiento global y de las emisiones de CO_2, y a la vez no querer que los medios de comunicación hablen mucho de ello? Resulta fácil divertirse asistiendo a las carreras de Fórmula 1, tomando, los que se lo pueden permitir, uno vuelo hacia Dubái para una estancia de unos pocos días, o pasárselo en grande viendo a algún que otro multimillonario despegar "orgásmicamente" hacia la Luna o Marte. Para algunos debe de ser tentador poner rumbo hacia el Ártico o el Antártico con el propósito de inmortalizar con la cámara de sus "Smart Phone" la fundición y la desaparición de inmensos bloques de hielo. Resulta fácil negarse a considerar la guerra, el calentamiento global y la pobreza como causas de los flujos migratorios hacia los países occidentales. Eso les va de perlas a los partidos políticos que quieren limitar la emigración a la gente rubia de ojos azules y ahuyentar a los demás. También resulta fácil desviar la atención de los naufragios de embarcaciones improvisadas repletas de inmigrantes que intentan cruzar el Mediterráneo[14], y de los centenares de

---

14   Véase la película: *Edén al Oeste*, Costa-Gavras, 2009.

muertes recurrentes que se van produciendo, y a la vez focalizarse en los costosos intentos de rescate de unos pocos multimillonarios que se han subido al submarino Titán, el que se hundió en junio de 2023.

Quienes consideren que los seudo debates políticos tienen un carácter informativo y que incluso son entretenidos tendrán la satisfacción de poder gozar de la asombrosa vacuidad de las noches electorales, o de las repetitivas discusiones de los canales de noticias en continuo las 24 horas. Quienes estén preocupados por el "gran reemplazo" se alegrarán de ver como Eric Zemmour (político francés de extrema derecha opuesto a la inmigración) debate con segundones que sólo sirven para desviar la atención del actual reemplazo acelerado de lo vivo por plástico y residuos de todo tipo así como el reemplazo del espíritu de la Ilustración, a través del racismo y el embrutecimiento a gran escala. Por cierto, a principios de enero de 2025, Alice Weidel, la «Führerina» del AFD, partido de extrema derecha alemán, se pavoneó en la plataforma X durante más de una hora con Elon Musk. De este modo, consiguió tener una audiencia inesperada para proferir comentarios absurdos y repugnantes. Sorprendentemente, la política de reinmigración, central en su programa político para Alemania, no parece incumbirle, ya que vive en el extranjero, en este caso en Suiza. En cuanto a Elon Musk, el Rasputín de la extrema derecha mundial de la que es el principal promotor y financiero, debería irse a Marte lo antes posible y quedarse allí, para dedicarse exclusivamente a la creación y desarrollo de la fachosfera en el Planeta Rojo. La política se convierte en un fast food mediático, donde los temas de actualidad, presentados de forma "entretenida" y rápida, han de ser engullidos por unos espectadores bulímicos. Las peleas de gallos, con invitados que buscan el dicho agudo, la frase que "duele", tienen éxito, y el espectáculo sigue siendo lamentable, a falta de ser despiadado. El vaso mediático está lleno... de vacío. ¡Ya está bien!

¿Debemos pues, como en la película *Don't look up* -No mires arriba-, divertirnos, pasárnoslo bien, gozar de los momentos de descanso y felicidad todo y negando las catástrofes actuales y futuras a las que sin duda nos llevará el hecho de mantener el statu quo? ¿Filmarlas o fotografiarlas, colgarlas en las redes sociales, y sobre todo sin perdernos nada del colapso de un sistema tóxico que nos arrastrará con él si no reaccionamos? ¿Acaso los cuidados paliativos están ahora a la orden del día? En cierto modo, a eso nos conducen los gobiernos de los distintos países, a falta de buscar una respuesta a estos graves desafíos. Algunos gobiernos fingen comprenderlos, otros para nada se sienten concernidos. Por cierto, en Francia, por ejemplo, el ministro de sanidad, Aurélien Rousseau, declaró el 21 de agosto de 2023: "Hemos de acostumbrarnos a vivir con temperaturas extremadamente elevadas". ¡A buen seguro, debe estar muy acostumbrado al aire acondicionado! De todas formas, el resultado es el mismo: a pesar, por ejemplo, de los numerosos acuerdos firmados para limitar las emisiones de CO_2 y de los demás gases de efecto invernadero, estas emisiones siguen aumentando y el calor sofocante sigue propagándose cada verano. Los gobiernos pretenden ejercer sus responsabilidades políticas amparando a millones de personas, pero sin asumirlas en el fondo. Pecan de irresponsabilidad, de inacción y de poner a la población en peligro. La creación de un tribunal internacional para juzgarlos debería plantearse en un futuro. Su estrategia pretende incitarnos a rebajar nuestro nivel de estrés adaptándonos al calentamiento climático[15], a la contaminación y, llegado el caso, a los accidentes nucleares... En cierto modo,

---

15   El gobierno francés, y su ministro de la Transición ecológica Christophe Béchu tendrían un "plan", presentado en mayo de 2023, para adaptarse a un aumento de las temperaturas de 4°C de aquí a 2100 en Francia. ¡Eso nos tranquiliza!

seríamos culpables y responsables de nuestras preocupaciones, cuando, por el contrario, les corresponde a los políticos reducir estos riesgos, lo cual sería la mejor manera de reducir el estrés al que estamos sometidos. Obviamente, no son capaces de hacerlo, ya que la totalidad de su tiempo lo dedican a mantener este sistema moribundo y mortífero con respiración asistida.

Hay que trastocar radicalmente la economía para ponerla al servicio de la mayoría. Actualmente, esta economía concentra como nunca la riqueza y el poder en manos de una casta radicalizada e incompetente que nos conduce de desastre en desastre. Por cierto, la palabra economía, según su raíz griega, significa administración del hogar. Sin embargo hay que reconocer que éste está muy pesimamente administrado, ya que se incrementan permanentemente las desigualdades sociales, la contaminación, el calentamiento global y el endeudamiento. La utilidad de los economistas convencionales es, pues, negativa, y la ciencia económica necesitaría urgentemente nuevos paradigmas y conceptos que le permitan administrar de forma responsable el hogar común, es decir, la sociedad. Por cierto, la palabra sociedad, según su raíz latina, significa grupo de aliados. No obstante, el actual sistema económico resulta incompatible con una sociedad cuyos miembros habrían de cooperar y comportarse en aliados. Dicho sistema crea adversarios en todos los ámbitos de los distintos mercados, especialmente en el mercado laboral, y por tanto obliga a ser productivo, de forma permanente y agotadora, lo cual conduce a la destrucción de las relaciones sociales[16]. Margareth Thatcher llegó incluso a declarar, en 1987, cuando era Primera Ministra británica, que la sociedad no existe[17]. De esta

16   Véase: *La gran transformación - Crítica del liberalismo económico,* Karl Polanyi, Virus Editorial, 2016, libro inicialmente publicado en inglés en 1944.

17   Véase la revista británica *Woman's Own* del 31 de octubre de 1987.

forma, el sistema sólo toleraría individuos atomizados y aislados, partículas elementales de una materia tóxica. Para crear una verdadera sociedad, necesitamos una economía basada en la solidaridad y la responsabilidad, que acabe con la competitividad permanente entre los individuos obligados a mercantilizar sus vidas en aras de los intereses y los beneficios de una oligarquía corrupta. Se trata entonces de acabar con la división del género humano en clases sociales y castas de todos tipos.

Sin una verdadera sociedad, no puede haber democracia digna de ese nombre. Un poder muy cínico amordaza todos las aspiraciones democráticas y pretende hacernos creer en Occidente que estas son inútiles ya que son suficientes la economía de mercados y la elección de un Presidente o de un Primer Ministro cada cuatro o cinco años. En Estados Unidos, en particular, asistimos a una verdadera caricaturización de la democracia, ya que últimamente, los estadounidenses podían elegir entre dos necios, uno senil y otro megalómano, que fomentan las tensiones bélicas a nivel internacional. Apostemos a que estos dos tartufos se presentarán ambos a la reelección en 2028, y que el candidato "demócrata", que desgraciadamente tuvo que retirar su candidatura en julio de 2024 a causa de un «catarro muy fuerte», ¡estará listo para entonces!

En el marco de la actual economía financiarizada, el sector financiero ha alcanzado un nivel de poder extremo y sin sentido, contrario a los principios democráticos que supuestamente están en vigor en los países occidentales. Impone su agenda al común de los mortales, sea cual sea su tendencia política. Los fundamentos de la política económica siguen siendo los mismos, tanto si los gobiernos son de izquierdas como de derechas. La riqueza y los ingresos se concentran cada vez más en manos de una ínfima minoría de la población. Los grandes bancos siguen financiando la extracción de combustibles fósiles y la producción de armas de destrucción masiva, presentándose a la vez como entidades responsables, incluso ecológicas y sostenibles... Asumen riesgos desmesurados, que en última instancia corren a cargo del contribuyente.

Por su parte, el mundo académico especializado en economía, finanzas, gestión, etc., ofrece a los partidarios del statu quo un respaldo supuestamente científico. Casi siempre se basa en hipótesis erróneas y conceptos turbios, que permiten que prosperen los falsificadores del pensamiento, suponiendo de que aún se trate de un pensamiento... El capítulo 5 aborda precisamente este tema. La regla son los conocimientos técnicos y la reproducción de un saber a menudo esclerotizado. La formación basándose en el análisis crítico y creativo muy escasas veces es de rigor.

Hay un hecho innegable y abrumador: la economía financiarizada y su cínica oligarquía nos están condenando a desastres recurrentes. El vaso está a rebosar. Es hora de pasar página.

CAPÍTULO 1
Un sistema destructivo y tóxico que (aún) sigue en pie

¿Cómo puede seguir causando estragos, e incluso seguir manteniéndose un sistema tan depredador y nocivo[18]? Es una pregunta molesta. Dado su avanzado nivel de descomposición, debería haber desaparecido hace mucho tiempo, y ser sustituido por una auténtica sociedad, cuyos miembros cooperen, en el marco de una economía sin mercados y sin mercantilización de las relaciones humanas.

Históricamente, una ola revolucionaria recorrió el mundo, Europa sobre todo, desde Rusia en 1917 hasta España y Cataluña en particular, donde se detuvo en 1936. En una economía ya globalizada, incluso desde la Primera Guerra Mundial, el comunismo -una sociedad sin clases, sin Estado y sin ley del valor- sólo podía extenderse al mundo entero o desaparecer. El estalinismo se aprovechó de este profundo estancamiento de la revolución para aplastarla. y, por lo general, para desviar los movimientos sociales allá donde pudo y todavía puede hacerlo. De hecho esta es su razón de ser histórica. Presentar entonces a la URSS, a sus satélites y a China como países comunistas fue una mentira descarada y perniciosa, la cual permitió, por añadidura, que los gobiernos occidentales pudieran afirmar que cualquier revolución desemboca ineluctablemente en un sistema totalitario.

Diversas formas de capitalismo

En realidad, esta dictadura era la de un capitalismo de Estado extremadamente violento, que conducía a la acumulación de las riquezas en manos de una casta cínica, realidad analizada de forma

---

18   Véase: *La crisis permanente*, Marc Chesney, Bellaterra Edicions, 2021.

muy lúcida por numerosos autores, entre ellos el revolucionario G. Munis y George Orwell[19] . Aunque se oponía a la forma clásica de este sistema, la llamada liberal, implantada por ejemplo en Occidente, el estalinismo coincidía con ésta a la hora de controlar o impedir el desarrollo de movimientos sociales, y eso lo hacía de una forma particularmente brutal y eficaz. Y fue precisamente al disminuir la intensidad de los movimientos sociales cuando el estalinismo perdió su función esencial de cara a la pervivencia del capitalismo. Los grandes medios de comunicación y las redes sociales bajo su control, junto con una organización policial militarizada, han permitido hasta ahora que la forma "liberal" controle cualquier movimiento social, o lo aplaste directamente. ¿Para qué cargar con un rival cuando uno puede encargarse de ello directamente?

Actualmente predomina esta forma clásica, que se convirtió en neoliberal a partir de los años 1980 y que es cada vez más libertariana desde la crisis de 2008. Esta obliga a menudo al contribuyente a rescatar a las grandes instituciones, en particular financieras y de energía nuclear, cosa que contradice la doctrina liberal según la cual los empresarios deben asumir los riesgos asociados a sus inversiones. Sin estas ayudas, hace tiempo que la mayoría de dichas instituciones habrían quebrado. Los responsables de las grandes instituciones financieras predican el emprendimiento y el riesgo que conlleva, pero no lo practican.

La globalización, digitalización y financiarización de la economía, unidas a los avances de la tecnología y de la informática en particular, han permitido poner en marcha un sistema acelerado de acumulación y concentración de riqueza y beneficios, desconocido hasta la fecha en la historia. El hecho, por ejemplo, de que tres in-

---

19   Véase: *Partido-Estado, stalinismo, revolución*, G. Munis, Obras completas, tomo 1, Muñoz Moya Editores Extremeños, 1999, así como la novela de George Orwell, *Rebelión en la granja*, Visor Libros, 2023.

dividuos, Elon Musk (Tesla y X), Bernard Arnaud (LVMH) y Jeff Bezos (Amazon), cada uno con una riqueza acumulada de unos 200.000 millones de dólares al inicio de 2024, se disputen el primer puesto en la clasificación de las personas más ricas del mundo es absurdo, grotesco e intolerable. En un momento en que la mitad de la población mundial sobrevive en condiciones extremadamente difíciles, incluso miserables, unos tipos patéticos, caracterizados por su afán bulímico de capital y por su lujo exuberante, son alabados por muchos medios de comunicación y colocados en un pedestal por los políticos bajo su influencia.

Con el paso del tiempo han ido surgiendo diversas formas de capitalismo. El ascenso al poder del fascismo, y luego del nazismo, en la década de los años 1930, se produjo gracias al estalinismo, que se esforzó en aniquilar a quienes podrían haberse opuesto victoriosamente a la toma del poder por la *peste brune* -peste parda.. Así también, el Partido "Comunista" en España, a las órdenes de Moscú, logró aniquilar el polo revolucionario en el llamado campo republicano, favoreciendo por consiguiente la victoria de las tropas facciosas de Franco. El fracaso de la ola revolucionaria, debido fundamentalmente al estalinismo mundial, allanó el camino a las dictaduras ultranacionalistas y antisemitas. En París, entre junio y finales de agosto de 1940, el P"C"F llegó a ponerse en contacto con las autoridades alemanas y se celebraron negociaciones secretas para pedir que se reeditara el periódico *L'Humanité* y, por lo general, que se legalizara el partido "comunista" disuelto en septiembre de 1939 por el gobierno de Daladier. Algunos de los negociadores fueron detenidos por la policía francesa y posteriormente liberados gracias a la intervención de las autoridades de ocupación[20].

---

20   *Juin 40, la négociation secrète*, Jean-Pierre Besse et Claude Pennetier, Paris, Éditions de l'Atelier, 2006

Además, como bien lo analizó Karl Polanyi[21], dicho ascenso de la peste parda al poder también fue una respuesta a la gran crisis del llamado capitalismo liberal entre 1929 y 1931[22]. El capitalismo liberal, tal y como existía en Estados Unidos y en otros países, supo adaptarse muy bien a estas dictaduras, lo que facilitó la salida de la crisis. En EE.UU, el gobierno y muchas grandes empresas colaboraron con la Alemania nazi en tanto ésta concentraba sus esfuerzos bélicos contra Rusia. Organizar una *Blitzkrieg* -guerra relámpago- contra este país, Holanda, Bélgica y Francia habría sido mucho más difícil sin beneficiarse del suministro de petróleo de la Standard Oil de Nueva Jersey (más tarde Exxon), cuyo socio en Alemania no era sino la empresa IG Farben, que producía, entre otras cosas, el gas Cyclon B, utilizado para exterminar a millones de personas en los campos de concentración. Librar una guerra como esta sin los camiones de Ford, producidos en Colonia, y los camiones de General Motors, fabricados cerca de Maguncia en sus fábricas Opel, y a su vez sin los conocimientos técnicos de ITT[23]... habría sido muy arriesgado para el Tercer Reich.

Juntas, las empresas Ford y General Motors poseían alrededor del 70% del mercado automovilístico alemán en 1939 y suministraron

---

21   Voir: Karl Polanyi, op. cit..

22   *1931: debt, crisis, and the rise of Hitler*, Tobias Straumann, Oxford University Press, 2019.

23   Véase: *The Myth of the Good War: America in the Second World War*, Jacques R. Pauwels, James Lorimer & Company LTD, Publishers, 2004, en particular página 32. *El mito de la Guerra Buena: EE.UU. en la Segunda Guerra Mundial*, Editorial Hiru Argitaletxea, Buenos aires, 2004.

al ejército alemán todo tipo de vehículos necesarios para la guerra que se avecinaba[24].

La Union Banking Corporation, codirigida hasta 1942 por Prescott Bush, padre y abuelo de los presidentes estadounidenses del mismo nombre, es conocida por sus negocios con la Alemania nazi y, en particular, por sus estrechos vínculos con el grupo Thyssen, productor de acero con sede en Essen.

IBM también obtuvo grandes beneficios con sus enormes negocios con esta sangrienta dictadura[25]. Sólo entre 1934 y 1938, su filial Dehomag duplicó su valor. Se trataba de organizar eficazmente la férrea represión ejercida contra todo tipo de opositores, represión que, muy a menudo, incluía su exterminio. Para ello utilizó la mecanografía y las tarjetas perforadas, precursoras de la informática. Gracias a esta primera fase de automatización de la producción y de control de la población, la máquina exterminadora del régimen nazi alcanzó una óptima operatividad. Gracias a su colaboración con IBM, el régimen nazi pudo identificar a los judíos con vistas a su expropiación y exterminio, y también pudo racionalizar los horarios y el funcionamiento de los trenes, incluidos aquellos encarrilados hacia los campos de concentración. El uso de lo que hoy se conoce como "Big Data" ya había comenzado en los años 30 en la Alemania nazi, gracias a las actividades de esta empresa.

La compañía Coca-Cola, cuya planta embotelladora estaba situada en Essen, también obtuvo enormes beneficios, sobre todo

---

24   Ibid., página 33, así como: *General Motors and the Nazis: The Struggle for Control of Opel, Europe's biggest Carmaker*, Henry Ashby Turner, Jr., New Haven, CT, and London 2005.

25   Véase: *IBM y el holocausto, La alianza estratégica entre la Alemania Nazi y la más poderosa corporación norteamericana*, Edwin Black, Editorial Atlantida, 2001.

durante los Juegos Olímpicos de Berlín de 1936. Entre 1934 y 1939[26] multiplicó por 8 sus ventas en Alemania. A diferencia de la cerveza, que no tiene precisamente fama por sus efectos energizantes, su bebida debía proporcionar a los trabajadores la energía necesaria para intensificar la producción en beneficio del Tercer Reich. Durante este periodo en este país, la supresión de cualquier tipo de reivindicaciones sociales, también las sindicales, consintió un fuerte aumento de los beneficios de las empresas, incluidas las estadounidenses. Estas, a través del Banco de Pagos Internacionales con sede en Basilea, pudieron repatriar gran parte de sus beneficios.

También cabe señalar que, según el pseudo-Premio Nobel de Economía[27], Milton Friedman, la única responsabilidad social de una empresa es aumentar los beneficios y crear valor para los accionistas, sin ninguna consideración moral. Pues es precisamente lo que hicieron las empresas mencionadas anteriormente en el marco de sus relaciones con la Alemania nazi.

Los vínculos entre estas dos formas de capitalismo son profundos, e incluso se prolongaron tras el final de la Segunda Guerra Mundial. Dan fe de ello las sangrientas dictaduras militares de

---

26   Op. Cit. *El mito de la Guerra Buena.*

27   Se trata del premio «Premio del Banco de Suecia en ciencias económicas a la memoria de Alfred Nobel », que no respecta precisamente su memoria, ya que Alfred Nobel jamás ha querido que sea otorgado un premio en economía que llevara su apellido.

América del Sur, instauradas con el apoyo activo de la CIA[28] así como con la colaboración de antiguos nazis refugiados en esa parte del mundo. También fue esencial el apoyo de la Escuela de Chicago, que defiende la primacía del neoliberalismo sobre la democracia.

Friedrich Hayek, uno de sus "popes" junto con Milton Friedman, y como él, ganador de un pseudo-Premio Nobel de Economía, escribió: "La debilidad de un gobierno democrático omnipotente ha sido claramente percibida por Carl Schmitt, el extraordinario analista político alemán quien, en la década de 1920, comprendió probablemente mejor que nadie el carácter de la forma de gobierno que entonces se estaba desarrollando"[29]. Recordemos que Carl Schmitt, que abogaba por un Estado fuerte y una economía sana, y que se adhirió al nazismo a partir de 1933, fue uno de los juristas más importantes del Tercer Reich. Friedrich Hayek llegó a afirmar: "Es perfectamente concebible que un gobierno autoritario pueda actuar sobre la base de principios liberales." [30]

---

28   "La operación Condor es una operación clandestina transnacional. Organizada por los regímenes militares de América del Sur, con el apoyo tácito de los EE.UU, pretende eliminar a todas aquellas personas consideradas `subversivas´"… Forma parte de una campaña represiva que asesinó a unas 50 000 personas y hecho desaparecer a unas 35 000 entre 1975 et 1983.». *Perspective Monde*, Université de Sherbrooke, Québec, Canada

29   Véase: *Derecho, legislación y libertad*, Unión Editorial, Friedrich Hayek, 1978, y *Du libéralisme autoritaire, Carl Schmitt, Hermann Heller*, La Découverte, 2020, page 74.

30   *Los fundamentos de la libertad*, Friedrich Hayek, Alianza Editorial, Madrid, 2022 y *Du libéralisme autoritaire, Carl Schmitt, Hermann Heller*, op. cit, página 75.

Por otra parte, los métodos de gestión de la llamada forma liberal de capitalismo, sobre todo en la Alemania de posguerra, se inspiraron a menudo en el "saber hacer" nazi. Ya en la década de 1950, por ejemplo, el abogado Reinhart Höhn, oficial y general de las SS, recicló sus "competencias" en términos de gestión de personas, o de "recursos humanos"[31]. Se utilicen como factores de producción o de destrucción (mediante el trabajo[32]), en ambos casos, se trata de optimizarlos. En 1956, fundó y dirigió la Academia de directivos de Bad Harzburg, que, "hasta la muerte de su fundador en el año 2000, acogió a unos 600.000 directivos pertenecientes a las principales empresas alemanas, y eso sin contar a los 100.000 matriculados en formación a distancia"[33]. Muchas de estas grandes empresas se hicieron inmensamente ricas durante la guerra, gracias al apoyo activo que sus directivos y propietarios le brindaron a Hitler. Los descendientes de estos capitanes de industrias y directores de bancos o compañías de seguros siguen beneficiándose descaradamente de la riqueza acumulada entonces, fortuna que tiene el color de la sangre de los esclavos y víctimas de toda índole que la crearon[34].

El ejército y las Administraciones también se mostraron muy predispuestos. Muchas eminencias del régimen nazi, que habían

31   Para esta cuestión, véase: *Libres para obedecer – El management. Desde el nazismo hasta hoy*, Johann Chapoutot, Alianza Editorial, 2020.

32   Ibid, página 18 en la versión francesa: «…el campo de concentración, lugar de destrucción a través del trabajo (a partir de 1939) y de producción económica…».

33   Ibid, página 88 en la versión francesa.

34   Véase: *Nazi Billionaires -The Dark History of Germanys Wealthiest Dynasties*, David de Jong , William Collins, 2022.

racionalizado la industria del crimen de masas, marcaron la pauta en la RFA[35]. Este tipo de gestión, que pretende borrar la lucha de clases y presentarse con buena apariencia frente al bloque del Este, aboga por la delegación de responsabilidades. Por tanto, deja de lado el antisemitismo y el racismo para poder preconizar ante todo una organización en la que los trabajadores son "libres" de obedecer a su superior jerárquico; a la vez define su tarea fijando su objetivo, donde el que la ejecuta se supone tiene la libertad para hallar los medios para llevarla a cabo y en la que, por así decirlo, el dominado aceptaría libremente su sometimiento. Esta obediencia, supuestamente liberadora, en realidad no es más que pura alienación. A finales del siglo XX, la "administración por objetivos", preconizada por el estadounidense Peter Drucker y presumiblemente más liberal, tuvo tendencia a substituir, en las escuelas de gestión, la "delegación de responsabilidades", aunque inspirándose en ella.

A la lista de los diferentes tipos de capitalismo hay que añadir el que se basa en el islamismo en su versión radical, es decir, en la aplicación estricta de la Sharía[36]. Las monarquías del Golfo Pérsico, ricas en petróleo, son un ejemplo elocuente de ello. La estructura jerárquica vertical puesta en práctica implica una estricta obediencia a los poderes locales. Las dimensiones religiosa y jurídica, mediante el uso de la ley islámica, y económica, mediante la explotación a gran escala de los recursos de combustibles fósiles, se han combinado de tal forma que confluyen en dictaduras.

---

35   La ley de amnistía del 31 de diciembre de1949 permitió rehabilitar y por lo tanto de reintegrar plenamente en la economía alemana a unos 800 000 nazis.

36   Véase: *Sharia Kapitalismus, - Den Kampf gegen unsere Freiheit finanzieren wir selbst*, Sascha Adamek, Econ, Berlin, 2017

Otros regímenes dictatoriales de la región, como el del expresidente egipcio Mohamed Morsi y el de Hamás, que dirigía la Franja de Gaza[37], siguen la estela de la organización de los Hermanos Musulmanes. Dicha organización, fundada en 1928 en Egipto, en seguida fue influenciada por el fascismo, ya en el poder en Italia, y por el nazismo, en auge entonces en Alemania. El fundador de este movimiento, Hasan al-Banna, junto con el Gran Muftí de Jerusalén, Mohammad Amin al-Husayni, mantenían contactos regulares con oficiales nazis. Nada más llegar a Berlín en noviembre de 1941, Al-Husayni se implicó de lleno en la difusión en Onda Corta de la propaganda antisemita del Tercer Reich en Oriente[38].

El neoliberalismo libertariano coexiste muy bien con el despotismo islámico, sobre todo con el de los Estados del Golfo. Los gobiernos occidentales les venden armas y hacen la vista gorda ante las masacres que cometen. Por otra parte, compran enormes volúmenes de petróleo y gases licuados, contraviniendo el acuerdo climático de París que ellos mismos ratificaron, facilitan las inver-

---

37   Mohamed Morsi era el Presidente del Partido de la "libertad y de la justicia", formación procedente de los Hermanos musulmanes. Representa a este partido islamista en las elecciones presidenciales egipcias de junio de 2012. Es elegido y ejerce de presidente de la República hasta julio de 2013, cuando es derribado por un golpe de Estado. En cuanto al movimiento terrorista Hamas, se apoderó del poder por la fuerza en la Franja de Gaza en 2007. Se mantuvo en el poder hasta 2024.

38   Véase: *Nazis, Islamic Antisemitism and the Middle East: The 1948 Arab War against Israel and the Aftershocks of Worl War II*, Matthias Küntzel, Routledge 2023 así como: *Islam and Nazi Germany's War*, Dadid Motadel, Harvard University Press, 2014.

siones de estas monarquías en Occidente y se esfuerzan para que éstas organicen diversos eventos deportivos.

Lo que tienen en común estas diferentes formas de capitalismo y su gestión es el control constante y la vigilancia intensiva de la población, así como la manipulación a gran escala de la opinión pública, o de lo que queda de ella, a través de las nuevas tecnologías de la información, o mejor dicho de la desinformación.

Este sistema está dirigido por una oligarquía que, desde sus palacios climatizados, sus superyates, sus jets privados y, si es preciso, sus amplios refugios antinucleares, lo decide todo, de acorde con sus propios intereses, en nombre de todos los demás, los que se asfixian a causa de las olas de calor, los que mueren de hambre o en las guerras que ésta provoca, los que sufren la pobreza y las pandemias generadas por la deforestación y la pérdida de biodiversidad. Este sistema es una verdadera calamidad para el común de los mortales.

Esta oligarquía se disfraza con los atuendos del liberalismo para imponer su dictadura. La libertad de contaminar, destruir lo vivo a gran escala, aumentar las emisiones de gases de efecto invernadero, concentrar unas riquezas estrafalarias e insensatas en unas pocas manos y precarizar tanto las condiciones de trabajo como de vida de la mayoría de la gente es, de hecho, una dictadura.

¿Un contrato social? ¿Qué contrato social?

Históricamente, la lucha de la Ilustración, y del liberalismo que conlleva, se opuso de entrada a los poderes políticos absolutos del Príncipe y la Iglesia. Este combate aspiraba verdaderamente a alejarse del estado de naturaleza y avanzar hacia un Estado de derecho, un sistema representativo y una organización racional de una sociedad en formación, capaz de transformar el egoísmo inherente a los intereses privados en una especie de alianza positiva entre individuos vinculados por el comercio. El hecho de perseguir unos objetivos privados pretendía satisfacer los intereses de la gran mayoría.[39]

La formación de semejante sociedad civil presuponía un contrato social entre ciudadanos unidos, que debían suplantar a la multitud amenazada por el estado de naturaleza preexistente, intrínsecamente violento y arbitrario. Se suponía que el hecho de moderar la libertad individual fomentaría el bien general. Semejante formación también debería suponer un pacto hoy en día, a menos que, en esta época de ahorro energético y oscurantismo reinante, la Ilustración se haya esfumado. ¿De qué pacto se trata? ¿Del pacto de Rousseau, que anticipa la Revolución Francesa, o sea del acto por el cual un pueblo se convierte en soberano, es decir de un pacto de asociación entre ciudadanos, o del pacto de Hobbes, establecido aproximadamente un siglo antes que el de Rousseau, de esencia despótica y que hace hincapié en la economía mercantil, las reglas contractuales y la protección de la propiedad.

En el primer caso, el contrato social de Rousseau sería el único fundamento posible para la legitimidad de las relaciones (derechos/ deberes) en el seno de la sociedad civil. Al ceder su libertad natural, los ciudadanos adquieren a cambio su libertad civil y se asocian para fundar un Estado supuestamente legítimo, es decir, que trabaje para el bien común, y que sería, por lo tanto, garante de la igualdad y la libertad. Estos dos principios, combinados con el de

---

39   Nos reencontramos aquí con la idea de *mano invisible* de Adam Smith.

fraternidad, forman el lema[40] de un país como Francia y aparecen en los frontones de muchos de sus establecimientos públicos, como por ejemplos las escuelas. Pero su existencia es mucho más virtual que real, y estarían mejor situados en los museos dedicados a la Revolución Francesa. Pues en las cuestiones clave no se consulta nunca al pueblo, como si la democracia, o lo que queda de ella, fuera demasiado importante para dejarla en manos de los ciudadanos, reducidos a súbditos serviles. Las injusticias sociales inauditas, no sólo en Francia, reducen los principios de igualdad y libertad a una quimera, utilizada con fines propagandísticos, sobre todo en las fiestas nacionales de los distintos países supuestamente democráticos. A su vez, la sociedad, que sólo recobra sentido con la alianza cívica entre ciudadanos asociados en pro del bien común, es más un espejismo que una realidad tangible.

En el segundo caso, el Leviatán de Hobbes tiene un poder absoluto sobre los súbditos unidos en la sumisión, que por tanto sólo son libres mientras respeten su voluntad. Es el miedo a la muerte y la búsqueda de protección lo que les llevaría a conferir tal poder al Leviatán[41]. El objetivo consistiría en racionalizar los modos de funcionamiento económico y social, para evitar un estado de naturaleza que, intrínsecamente, se manifestaría a través de guerras

---

40   El lema *Libertad, Igualdad, Fraternidad* no está exento de contradicciones, por ejemplo entre la idea de autonomía individual contenida en la libertad, y una fraternidad fusional tal y como la sueña Saint-Just. Mona Ozouf ha analizado de forma deslumbrante la ambigüedad de este lema.. Véase *Liberté, Egalité, Fraternité*, in Les lieux de mémoire, sous la direction de Pierre Nora, Gallimard, t. III, 1992, pp. 583-629.

41   Véase: *Histoire intellectuelle du libéralisme*, Pierre Manent, Pluriel, 2012.

civiles permanentes. Un despotismo apoyado en un Estado fuerte, sería el garante de la seguridad y la estabilidad.

Hay que decir que el Leviatán hace estragos, en mayor o menor medida, en todos los países[42]. Se caracteriza por no respetar siquiera la apariencia de un contrato social, ya que en un momento de profundas crisis sociales, económicas y medioambientales, se muestra incapaz de proporcionarles a las personas la seguridad que requieren. Por el contrario, el sistema genera una inseguridad creciente de la que se aprovecha para asentar el carácter absoluto de su poder y la servidumbre, voluntaria o no, que le es inherente. Las guerras civiles que pretende evitar no han desaparecido, y nos enfrentamos a conflictos armados incesantes con el riesgo de que desemboquen en conflagraciones mundiales. Así pues, la legitimidad de los poderosos no es más que una ficción, que hace resurgir todos los peligros del estado de naturaleza que Hobbes pretendía suprimir. Se trata del auge del extremismo libertariano, analizado, más abajo, en la siguiente entrada. La ley del más fuerte, y por tanto la ley de la oligarquía, reina de forma despiadada. En un supuesto sistema de mercado, impone la competitividad y la guerra de todos contra todos, negando la sociedad y devolviéndonos al estado de naturaleza. El valor del ciudadano domesticado, que se puede doblegar y explotar a voluntad, es esencialmente económico o belicoso[43].

Característica de una República, de una Res publica, o "cosa pública", la mediación honesta entre los intereses de las diferentes

---

42   Véase: *Fucilazos sobre el Estado,* resumen de un libro inédito de G. Munis, in Obras completas, tomo 2, Muñoz Moya Editores Extremeños, 2002.

43   «El valor de un hombre, su estimación, como en todas cosas,, es su precio, es decir, exactamente lo que daríamos para hacer uso de su fuerza ». Thomas Hobbes, El Leviatán.

clases, destinada a permitir una cierta equidad entre los individuos, es cada vez más ficticia. En realidad, es la cosa pública la que se ve subsumida por la "cosa privada", la *res privata*, y sus intereses.

Los sistemas políticos actuales han traicionado los grandes cometidos, modernos en su momento, de Hobbes y Rousseau. Con esta modernidad, una cosa se imponía: transmitir la idea del Estado. Se necesitaba un contrato social para legitimarlo, para justificarlo teóricamente, en relación con las incesantes guerras y arbitrariedades asociadas a los poderes políticos absolutos del Príncipe y de la Iglesia, y por tanto asociados al estado de naturaleza en la forma que revestía entonces.

En el trato engañoso impuesto a los individuos, éstos alienan su libertad, pero no reciben a cambio ninguna garantía de protección real. El Estado de derecho en el que supuestamente viven es, de hecho, lo que era el Estado antes de que la fuerza fuera presumiblemente sometida al derecho. Es decir, control y gobernanza impuestos por la fuerza[44], y a los que, por lo general, los súbditos se someten. Es un hecho.

Hoy en día, el poder es efectivamente absoluto y corresponde al libre albedrío de un Príncipe, elegido o designado por sus pares, y de su corte. Se trata de una oligarquía obsesionada por sus intereses privados y las ganancias indebidas que proporcionan, y que procede a la destrucción a gran escala de lo vivo en un intento de satisfacer su odiosa e insaciable sed de riqueza material. Posee las llaves de la violencia estatal y abusa de esta a su antojo para mantener las ventajas asociadas a su reinado mofándose del bien común. La democracia se convierte en la máscara virtuosa de un despotismo de oligarcas criminales que viola permanentemente el contrato

---

44   Op. cit. G. Munis.

social, suponiendo que exista uno. Este no es en realidad más que una ficción, una cantinela de campañas electorales para políticos demagogos.

Los gobiernos, incluso los elegidos legalmente, carecen de toda legitimidad. Ambos tipos de sistema han confluido en un capitalismo de vigilancia redoblada en Estados Unidos, China y otros lugares. Según La Boétie en el siglo XVI, la tiranía perduraba gracias a la servidumbre voluntaria del pueblo. Este análisis sigue siendo vigente hoy en día. Al someterse a los poderosos, el común de los mortales va en contra no sólo de su propia naturaleza, como explicaba La Boétie[45], sino también de sus intereses vitales. Esta sumisión permite que un sistema moribundo, en plena debacle, pueda perdurar.

El extremismo libertariano

Hoy en día habría que sacar las conclusiones pertinentes de esta bancarrota financiera e intelectual, para orientar la economía hacia el bien común. En cambio, los más extremistas de las fracciones gobernantes no se detienen en el camino. En última instancia, quieren privatizar no sólo la educación, sino también la justicia y, por qué no, la policía y el ejército. Patentan lo vivo y se benefician del monopolio de las semillas. Más adelante, probablemente querrán vendernos el aire contaminado que este sistema nos hace respirar. Destruyen los bosques primarios quemándolos, para regocijo del agronegocio, sobre todo en Brasil. En términos más generales, están financiarizando la naturaleza, como bien lo hemos analizado en la

---

45   *Discurso de la servidumbre voluntaria*, Etienne de La Boétie, Virus editorial, 2016

introducción de este libro. El calentamiento global, la destrucción de lo vivo y su mercantilización inherente representan para ellos un negocio lucrativo[46]. Para estas fracciones, limitar estas oportunidades y asumir los costes asociados a una auténtica política climática reduciría significativamente sus beneficios y, por tanto, se niegan rotundamente a ello.

Las actividades de perforación en el Ártico ilustran las ganancias que el deshielo representa para las industrias de combustibles fósiles y los grandes bancos que las financian. Además, los datos vía satélite muestran grandes zonas de intensa iluminación nocturna, comparable a la de Madrid o París[47], correspondientes a las actividades de extracción de petróleo y de gas. Grandes bancos internacionales, la mayoría de los cuales se declaran sostenibles, financian esta explotación descarada de los recursos naturales y la destrucción irreversible causada a la naturaleza. Entre 2016 y 2020, JP Morgan Chase fue el banco más activo en cuanto a préstamos concedidos a empresas que realizan perforaciones, en este caso 18.600 millones de dólares, para Shell, Gazprom y TotalEnergies. Los bancos Barclays, Citigroup y BNP Paribas se situaron en la 4ª, 6ª y 7ª posición, respectivamente, con préstamos por valor de 13.200, 12.200 y 11.800 millones de dólares. La lista también incluye a Goldman Sachs, Deutsche Bank, Crédit Agricole, BPCE Group/Natixis y Credit Suisse, con préstamos de 10.700, 10.200, 9.200, 4.200 y 4.100 millones de dólares. Todos estos bancos, ¡no faltaría más!, tienen supuestas políticas de sostenibilidad para el Ártico. Sin duda, lo que sí tiene un carácter de sostenibilidad son sus beneficios y su cinismo.

---

46   *Prédation, Nature, le nouvel Eldorado de la finance*, Sandrine Feydel y Christophe Bonneuil, Paris, La Découverte, 2015, página 5.

47   Véase la tesis de doctorado de Cengiz Akandil: *Detecting Industrial Development in the Arctic via Nighttime Lights*, Zurich, 2024.

En total, treinta grandes bancos han concedido préstamos por valor de 300.000 millones de dólares para desarrollar nuevas actividades de extracción de petróleo y gas en esta región del Polo Norte.

En cuanto a la adquisición de participaciones en empresas petroleras y de gas, activas en esta región, los principales inversores, desde marzo de 2021, han sido Vanguard, Amundi y BlackRock. En el caso de esa última empresa, tal vez deberíamos llamarla ahora GreenRock, dadas sus actividades de "greenwashing".

La agenda de las fracciones gobernantes más extremas quiere imponer un régimen libertariano a escala internacional, lo que ya están logrado con bastante éxito desde la crisis financiera de 2008. Este régimen, disfrazado con los atuendos de la democracia, es de hecho autoritario desde el principio. Votar cada 4 o 5 años no basta para caracterizar una democracia, con mayor razón si las elecciones son manipuladas por empresas de análisis de datos tipo Cambridge Analytica, como en Estados Unidos en 2016, o bajo la coacción de las milicias armadas, como en Brasil en 2022. Estos grupos extremistas están listos para un golpe de Estado, como lo pusieron de manifiesto el asalto al Capitolio en Estados Unidos en enero de 2021 por parte de los seguidores de Donald Trump, el asalto al Congreso, al Tribunal Supremo y al Palacio presidencial en Brasil, en enero de 2023, por parte de los confidentes y partidarios de Jair Bolsonaro, y la suspensión del Parlamento eurófilo en Inglaterra por Boris Johnson, entonces primer ministro, en 2019. Afianzar su poder y su nuevo método de acumulación de riqueza a toda costa es esencial para la casta gobernante. No puede dejar que la democracia, más virtual que real, sea un estorbo para lograr sus fines[48].

---

48   Véase el interesante análisis en este tema, en la página 127 del excelente libro: *La finance autoritaire, vers la fin du néolibéralisme*, Marlène Benquet et Théo Bourgeron, Raisons d'agir, 2021.

El actual auge del autoritarismo libertariano se debe a la ausencia de movimientos sociales profundos y a la crisis financiera de 2008.

En nombre de la propiedad privada, priva de bienes a la inmensa mayoría del género humano. ¿Qué poseen los 5.500 millones de personas que tienen que sobrevivir con menos de 10 dólares al día?

Sus representantes son falsos profetas, actores mediocres que aparecen en el centro del escenario de la historia ante unos seguidores leales que se regocijan y se revuelcan en el fango, al querer dar respetabilidad a estos siniestros individuos. Estos nuevos líderes del "mundo libre" son Donald Trump, el genio autoproclamado, Jair Messias Bolsonaro[49], el mesías para muchos de sus admiradores y admiradoras, cuando no es directamente el mito, muy patético en realidad, y el sobrexcitado tartufo, Javier Milei en Argentina. Así, quienes tienen la sartén por el mango son unos vulgares y feroces maleantes. Se aferran al poder, o esperan hacerlo, para seguir enriqueciéndose y para gozar de inmunidad el mayor tiempo posible y evitar así ser importunados por el sistema judicial. Su vacuidad moral sólo la iguala su nulidad intelectual. A su vez, su supuesta fuerza sólo se ve igualada por la debilidad y la cobardía, por no decir la mediocridad, de aquellos que los medios de comunicación presentan como sus oponentes o, al menos, como fuerzas independientes. De hecho, hay una larga lista de dirigentes políticos tradicionales y jefes de grupos empresariales que se apresuraron a prometerle lealtad al emperador del cinismo en cuanto fue reelegido en Estados Unidos a finales de 2024, mostrando así que en adelante avalarían sus caprichos tóxicos. En Hungría, se trata de Viktor Orbán que dirige este país. Y en España de Santiago Abascal que dirige la fuerza política VOX. En Francia, Italia, Alemania y el

---

49   El ministro de economía brasileño, del gobierno Bolsonaro, Paulo Guedes, es conocido por haber creado el think tank libertarien, Instituto Millenium.

Reino Unido, estos falsos profetas son respectivamente Marine Le Pen, Éric Zemmour, Giorgia Meloni, Björn Höcke, Alice Weidel y Nigel Farage.

En este último país, el movimiento libertariano promovió y financió el Brexit para poder emanciparse de todo tipo de regulaciones europeas, medioambientales, financieras y fiscales. Pretendía crear una especie de "Singapur sobre el Támesis", un centro europeo offshore susceptible de permitir, gracias a un sistema jurídico a medida[50] y la digitalización y financiarización de la economía, la instauración de un sistema de acumulación de riqueza sin precedentes en la historia británica. El aumento de la precariedad de las condiciones de trabajo y el empobrecimiento acentuado de la gente corriente son las consecuencias de esta nueva fase acelerada de acumulación, en los lugares donde se ha implantado. Cabe señalar que la campaña contra el Brexit fue financiada por la industria, la mayoría de los grandes bancos y el sector del turismo. Estos sectores veían claramente que su futuro en el Reino Unido no podía desvincularse de la Unión Europea. A pesar de su poder, perdieron. Eso prueba cuántos son los recursos acumulados por el movimiento libertariano. Presentada como una "victoria del pueblo", al igual que la elección de Donald Trump en 2016 y 2024, no es sino en realidad el ascenso al poder de las tendencias más radicales y repugnantes de la casta dominante.

Más allá de las diferencias marginales entre estos extremistas, el movimiento libertariano aspira a que una pequeña casta de cínicos multimillonarios tenga plena libertad para hacer lo que le plazca, en beneficio propio y a costa de la gente de a pie. Es como si "al estar las élites tan convencidas de que no habría vida futura para

---

50 Véase: *The Code of Capital, how the law creates wealth and inequality*, Katharina Pistor, Princeton University Press, 2019.

todo el mundo, decidieran deshacerse cuanto antes de toda la carga que implica la solidaridad"[51]. Exigen "...en una especie de ideología survivalista elitista, ... el derecho a vaciar la tienda antes de que cierre, es decir, a que se les dé la mayor libertad posible para acumular todos los bienes, territorios y capitales que aún perviven en un mundo en extinción"[52].

Para estos riquísimos magnates, las enormes inversiones necesarias para combatir las emisiones de gases de efecto invernadero y la repentina pérdida de biodiversidad tendrían costes muy superiores a los beneficios. Por tanto, no va con ellos. Tales políticas pondrían en entredicho sus ventajas indebidas, y cuestionarían su absurdo estilo de vida y sus inversiones contaminantes. Obtienen enormes beneficios a corto plazo del desmoronamiento de lo vivo, de la destrucción de la naturaleza en general y de las guerras. Claro está, todo ello es incongruente, porque a largo plazo les quedaría poco que explotar. Pero mientras tanto, las ventas de pesticidas, armas de destrucción masiva, opioides, todoterrenos 4×4, aparatos de aire acondicionado, productos financieros tóxicos y toda clase de objetos de pacotilla son especialmente lucrativas, y la posesión de jets privados y superyates es eminentemente placentera. Están en juego enormes intereses financieros. Sin embargo, una economía sostenible y respetuosa con la naturaleza -en una palabra, que gestione adecuadamente el bien común y deje de mercantilizar las relaciones humanas- iría directamente en contra de sus gigantescos beneficios.

---

51   *Où atterrir? Comment s'orienter en politique*, page 30, Bruno Latour, La Découverte, 2017.

52   Véase de nuevo: *La finance autoritaire, vers la fin du néolibéralisme*, Marlène Benquet et Théo Bourgeron, op. cit., página 135.

Las finanzas autoritarias son las que imponen sus intereses[53].

Por un lado, éstas se apoyan en unos actores extremadamente poderosos de un sector paralelo: las llamadas finanzas en la sombra, que reúnen a las instituciones del ámbito sin licencia bancaria: Black-Rock o Vanguard, por ejemplo, que gestionan cada una más de 10.000 millardos de dólares, así como los fondos especulativos de inversión, cuyo objetivo es permitir que los ultrarricos se enriquezcan aún más. Al igual que los grandes bancos, los Bancos Centrales, el FMI y el Banco Mundial, ofrecen a sus amigos políticos puestos de dirección muy bien remunerados cuando su mandato político llega a su fin. Estas finanzas autoritarias también están estrechamente vinculadas a los sectores de los combustibles fósiles y el agronegocio, como en Estados Unidos, y, en particular durante la presidencia de Jair Bolsonaro, en Brasil.

Ya que las reglamentaciones, muy poco estrictas por cierto, se aplican principalmente a los bancos, estas instituciones financieras en la sombra disponen de una gran libertad de acción. Tienen sus propios intereses, que defienden con cinismo y agresividad. Al igual que los grandes bancos, utilizan y crean instrumentos financieros para hacerse rápidamente con una parte cada vez mayor de las enormes cantidades de dinero, como las pensiones de jubilación, que circulan por los mercados financieros. Estos mercados son la alfombra verde de las finanzas de casino, que estas instituciones manejan a gran escala. Gracias a la innovación financiera, y a los derivados financieros[54] en particular, el sector financiero transfor-

---

53   Ibid

54   Los derivados financieros son contratos que por ejemplo obligan a las dos partes implicadas, o que permiten que una de ellas adquiera o venda acciones, obligaciones, divisas… o materias primas como el petróleo, el gas… a un precio y una fecha (o durante un periodo de tiempo) convenidos de antemano,

ma el riesgo y la incertidumbre en activos de los que puede sacar provecho[55], negociándolos en diversos mercados, incluidos los más recientes, como las criptomonedas, o en mercados extrabursátiles.

La crisis de 2008 y el caos que conllevó, con la casi implosión de un sistema financiero mundial zombi basado en una deuda explosiva, dieron a las finanzas en la sombra la oportunidad de sacar ventaja, presumiendo además de aportar soluciones, cuando en realidad son parte integrante del problema. Eludir la exigua reglamentación bancaria en nombre de la libertad no hace más que acrecentar los riesgos sistémicos. Presentar la llegada de las criptomonedas como un fenómeno positivo liberador de potencial de inversión, eventualmente sostenible, es pura propaganda barata. El hecho de que las criptomonedas no estén sometidas directamente a las obligaciones de los Bancos Centrales permite que surja y se posicione un nuevo sector financiero, pero no permite que los ciudadanos de a pie avancen un ápice en la resolución de los graves problemas a los que se enfrentan.

Obviamente, no es el aumento de la competencia entre las distintas monedas, ya sean cripto o no, que puede contribuir a la resolución de los graves problemas a los que nos enfrentamos hoy en día, y hacer del mundo un lugar mejor. Mientras el ahorro energético está a la orden del día, y las emisiones de gases de efecto invernadero deben reducirse drásticamente, las emisiones vinculadas a las criptodivisas son enormes. Presentarlas pues como un progreso es una auténtica patraña.

---

55 Cuando, gracias a los derivados financieros, el riesgo y la incertidumbre se convierten en activos financieros líquidos, entonces son « titulizados ».

Matanzas lucrativas

En cuanto a los conflictos armados, la corriente libertariana quiere tener la libertad de desencadenarlos donde y cuando quiera en el mapamundi. Las guerras se han convertido para ella en una necesidad económica imperiosa[56], ya que les permiten cosechar rápidamente enormes beneficios. La producción de armas y la destrucción son muy rentables, y los medios de comunicación más importantes están a sus órdenes para difundir propaganda masiva y manipular a la opinión pública con el fin de justificar los conflictos y la producción a gran escala de armas de destrucción masiva. Para esta corriente, que contribuyó a provocar la guerra en Ucrania, esta última representa una fabulosa oportunidad de matanzas lucrativas.

Sus representantes muestran una actitud beligerante, tanto más fácil de mantener cuanto que disponen de búnkeres seguros. Así pues, Boris Johnson, que aún era Primer Ministro cuando visitó Kiev en abril de 2022, habría instado al Presidente ucraniano, Volodímir Zelensky, a detener todas las negociaciones con el Gobierno ruso, por dos razones: con Vladimir Putin no se negocia y Occidente no está dispuesto a poner fin a la guerra[57]. Sin embargo, anteriormente, los negociadores rusos y ucranianos habían acordado provisionalmente un esbozo de acuerdo. El gobierno ruso se habría comprometido a retirar sus tropas hasta las posiciones que controlaba antes del inicio de las hostilidades, el 23 de febrero de

---

56   Véase el artículo: *Silencing the lambs, how propaganda works*, John Pilger, Brave New Europe, 9 de septiembre de 2022.

57   Véase: *Did Boris Johnson help stop a peace deal in Ukraine?*, Connor Echols, Diplomacy Watch, 2 de septiembre de 2022, así como los comentarios del periodista Branko Marcetic en Twitter.

2022. A cambio, Ucrania se habría beneficiado de ciertas garantías en materia de seguridad e integridad nacional por parte de una serie de países, a falta de ingresar directamente en la OTAN. Sacan mayor provecho del sacrificio de los que sirven de carne de cañón que de un acuerdo de paz. No cabe duda, la guerra es rentable para ellos[58].

Las muletas de un sistema zombi

Como un muerto viviente, este sistema se tambalea. No sólo es ilegítimo, sino también extremadamente tóxico y peligroso para una población tomada como rehén. Ocasiona una injusticia social insufrible, y en su desastrosa trayectoria se apoya en varias muletas:

Los medios de comunicación que mayoritariamente lo justifican. Sus críticas se limitan a tal o cual político, pero no apuntan al sistema capitalista en sí. A excepción de unos cuantos medios y de unos pocos periodistas íntegros que hacen críticas sensatas, los medios de comunicación confunden lo trivial con lo esencial e inducen a una verdadera confusión mental.

Las fuerzas del orden, sin las cuales este sistema probablemente ya habría sido barrido por un amplio movimiento social, cual lo ha evidenciado el movimiento de los Chalecos Amarillos.

Unos sectores empresariales poderosos que recurren al Estado siempre que lo necesitan. En este caso, son las finanzas, los productores de armas, los productores de combustibles fósiles y energía atómica, los fabricantes de automóviles, el sector farmacéutico, los productores de alimentos industriales...

Bancos centrales que rescatan los bancos sistémicos a gran escala siempre que sea necesario y los mantienen con respiración asistida para evitar su quiebra, y por último el contribuyente que asume

---

58   Para este tema, véase el capítulo 6.

los costes de un sistema putrefacto, sin que ni siquiera se le pida su opinión.

Este sistema zombi y profundamente injusto está condenado a desaparecer, bien arrastrando consigo la vida humana, animal y vegetal, bien sin nosotros, estimado lector. La segunda posibilidad es sin duda la mejor, y supongo que la aprobará. Si es así, tendremos que tomar nuestro destino en nuestras propias manos intentando proteger la vida en todas sus formas. Ya que la servidumbre es voluntaria, según Étienne de La Boétie en el siglo XVI, convendría añadir que "Nadie tiene derecho a obedecer", como escribió Hannah Arendt en 1964.

CAPÍTULO 2
La financiarización y digitalización de la economía como factores de incremento de las injusticias sociales[59]

A la hora de la financiarización y digitalización de la economía, las injusticias sociales han adquirido una magnitud desconocida hasta la fecha. El supuesto goteo o derrame (*trickel down*) de la riqueza, que los medios de comunicación suelen a menudo poner de relieve, no obedece a las leyes de la gravedad, ya que al operar de abajo hacia arriba, permite que aquellos que poseen cuantiosas fortunas puedan acumular aún más, a expensas del resto de la sociedad. Jamás en la historia se había acumulado tanta riqueza en manos de tan poca gente y en tan poco tiempo. En este proceso aumenta tremendamente la pobreza y la inseguridad de los que pertenecen a las clases sociales desfavorecidas o de aquellos que pronto las padecerán. Ello va a la par con un cinismo, incluso con una arrogancia sin límites por parte del ínfimo porcentaje de la población mundial que se aprovecha de dicho proceso. El presente capítulo analiza este fenómeno, los peligros que conlleva y las soluciones que se imponen.

La acumulación acelerada de la riqueza, en unas pocas manos

Primero, veamos algunos hechos: a la hora en que, en EE.UU., entre principios del mes de marzo y mediados del mes de junio de 2020, unos 40 millones de estadounidenses perdieron su empleo y que, según el Banco Mundial, la Covid-19 a nivel mundial sumió

---

59   Véase : *La financialización y la digitalización de la economía. Factores agravantes de las injusticias sociales,* Marc Chesney, Viejo Topo, núm. 402/403 Julio/Agosto 2021.

este mismo año a unas 100 millones de personas más en la pobreza extrema, esto es, viviendo con menos de 1,90 dólares al día, cuatro personas vieron su fortuna conjunta aumentar en unos 130.000 millones de dólares. Se trata de:

Bill Gates (Microsoft), con un incremento de 11.500 millones de dólares.

Mark Zuckerberg (Facebook), con un incremento de 32.000 millones de dólares.

Elon Musk (Tesla), con un incremento de 42.000 millones de dólares.

Jeff Bezos, quien en aquel momento poseía el 11% del capital de Amazon, con un incremento de 44.000 millones de dólares. Entre principios del mes de enero y mediados de agosto, el incremento rondó los 90.000 millones de dólares. También él se aprovechó de la pandemia de la COVID para enriquecerse descaradamente, mientras sus empleados sufrían condiciones laborales precarias que repercutían en su propia salud[60]. En un solo día, el 20 de julio de 2020, aumentó su fortuna en 13.000 millones de dólares. ¿Qué significa una cantidad tan astronómica? Las comparaciones permiten entender mejor la naturaleza del fenómeno y permiten también darse cuenta de la magnitud del problema. Pues esta cantidad equivale a aproximadamente al doble del PIB diario de un continente, el de África, es decir, al doble del valor de mercado que este continente, con una población de unos 1.300 millones de habitantes, produjo en un solo día.

---

60   Véase entre otras cosas: *Davos Man: How the Billionaires Devoured the World*, Peter S. Goodman, HarperCollins, 2022.

Para Francia, estos 13.000 millones de dólares corresponden a un poco más de 5 veces la totalidad de los salarios brutos diarios[61]. Es como si Su Majestad Bezos hubiera recibido en un día el resultado de algo más de 5 veces el trabajo diario de unos 30 millones de personas, a tiempo parcial o no, es decir, algo más de lo que correspondería a 115 millones de jornadas laborales[62], pagadas con los salarios vigentes en este país.

Remontarse en el tiempo permite poner de relieve otra analogía. En el siglo XVIII, Luis XVI era probablemente uno de los hombres más ricos del mundo. Su castillo, el Palacio de Versalles, es una prueba de ello. Hoy, su sucesor en la cumbre de la pirámide de la opulencia y la vanidad es Lord Jeff I, de la dinastía Bezos. Comparar estas dos fortunas con casi tres siglos de diferencia puede parecer

---

61   En Francia (en 2020), la tasa de actividad de las personas de 15 a 64 años era ligeramente inferior al total 75 %. El total de los salarios brutos diarios es pues de: 3000 euros (orden de magnitud del salario medio bruto mensual) x 30 millones de personas activas x 0,75 /30 días = 2250 millardos de euros = 2500 millardos de dólares. La cantidad percibida por Jeff Bezos el 20 de julio de 2020 es 5,2 veces superior a este total.

62   5,2 veces el trabajo diario de 30 millones de personas con una tasa de actividad de las personas de 75 % es igual a 5,2 x 30 millones x 0,75 = 117 millones de jornadas laborales.

atrevido[63]. Convertir las libras o los luises de entonces en dólares actuales no es poca cosa. Resulta pues más fácil utilizar el tiempo de trabajo como medida más objetiva. El Palacio de Versalles se construyó en aproximadamente 50 años. Supongamos que su construcción haya requerido un promedio de 5.000 personas por año. Esto correspondería a 75 millones de días de trabajo[64]. A ello cabría añadir otros 40 millones de jornadas de trabajo, en concepto de compra de platería y obras de arte, y obtendríamos así un orden de magnitud de un total de 115 millones de jornadas de trabajo o, como está indicado más arriba, correspondería aproximadamente al volumen de trabajo al que habrían dado acceso los 13.000 millones de dólares en Francia.

¿De ello se puede deducir que esos 13.000 millones de dólares corresponden a un castillo de Versalles[65]? Probablemente no, porque entre el momento en que se construyó el palacio en el siglo XVII y el año 2020, la productividad del trabajo ha aumentado

---

63   Aunque los orígenes de las fortunas de Luis XVI y Jeff Bezos difieren, tienen algunos puntos en común. Luis XVI dirigía un país que llevaba mucho tiempo en una pésima situación financiera y seguía vaciando sus arcas. El segundo está al frente de una empresa que se beneficia de cuantiosas ayudas públicas en todo el mundo y ha puesto en marcha eficaces mecanismos de optimización fiscal, que le han permitido, por ejemplo, no pagar impuesto sobre la renta en Europa en 2021. Por lo tanto, también consigue su riqueza acumulada a costa del contribuyente.

64   Las jornadas laborales incluyen globalmente, la de los obreros como la de los jardineros, arquitectos, decoradores...

65   Esos 13 mil millones corresponden también a más o menos 20 veces el valor del Palacio Palace de Donald Trump en Florida: Mar-a-Lago, en este caso 600 millones de dólares.

enormemente y el valor de las obras de arte ha ido fluctuando mucho. Entonces, ¿a cuántos Castillos de Versalles puede equivaler? Es imposible saberlo con exactitud, pero es muy probable que a varios, o incluso a 10 o más, pero no en cincuenta años, sino en un solo día[66]. El Señor, o más bien el Emperador Bezos tiene prisa. ¡En comparación, Luis XVI casi parecería un "looser"! Si la abolición de los privilegios estaba a la orden del día en 1789, también lo está hoy en día, y con mayor motivo.

¡En 2024, después de la victoria electoral de Donald Trump, una persona única vio su fortuna aumentar en unos 70.000 millones de dólares en algunas semanas! Se trata de Elon Musk. ¡Al final de noviembre de 2024 tenía una riqueza acumulada de unos 348.000 millones de dólares!

La financiarización y digitalización de la economía

Esta insensata concentración de la riqueza se debe principalmente a la convergencia de dos fenómenos: la financiarización y la digitalización de la economía, características de la actual versión libertariana del neoliberalismo. El primero somete la economía y la sociedad a los intereses de un sector financiero descontrolado, dominado por los bancos centrales, las sociedades de gestión de activos (de las que BlackRock es el buque insignia), los bancos sistémicos y las finanzas en la sombra (*shadow banking*) con sus fondos especulativos más potentes. Cada cual desempeña su papel en este proceso de sometimiento de la mayoría. Siempre que es necesario, y en particular durante la crisis de 2008 y la de la Covid,

---

66   Fuente: *Deux siècles de productivité en France*, Olivier Marchand, Claude Thélot, Economie et Statistique, 1990. En otras cosas dice: "Finalmente, una hora de trabajo en 1990 produce 25 veces más que una hora en 1830."

los bancos centrales inyectan enormes cantidades de liquidez en los mercados financieros para evitar un colapso total del sistema. Para ello, conceden préstamos a los bancos en dificultades o compran activos financieros problemáticos. La FED, o banco central estadounidense, le ha confiado a BlackRock la gestión de la mayoría de estos activos. De este modo, los grandes bancos pueden deshacerse de sus activos dudosos y utilizar las liquideces obtenidas a cambio para fines no menos dudosos. Por último, los fondos especulativos se aprovechan de esos desequilibrios permanentes para apostar sobre la insolvencia de empresas, o incluso de países, y poder de este modo sacar enormes beneficios.

Cabe señalar que, a nivel mundial, cada hora, entre el mes de marzo de 2020 y finales de ese mismo año, los Bancos Centrales han comprado, principalmente a los grandes bancos, por una cantidad de unos 1.300 millones de dólares en activos financieros[67]. Estos bancos recibían así su dosis horaria de liquidez cada vez que "tenían el mono". Esta política monetaria se interrumpió en 2022, a causa de la inflación resultante principalmente de la guerra en Ucrania. Los grandes bancos dejaron momentáneamente de recibir estas dosis, pero siguen beneficiándose de un sinfín de ventajas.

El sistema se está quedando sin aliento, y los mercados financieros supuestamente libres están bajo la tutela creciente de los Bancos Centrales. El capitalismo actual, o neoliberalismo libertariano, se tambalea. Para tratar de evitar su derrumbe total, utiliza fundamentalmente dos muletas: los Bancos Centrales, que mantienen los mercados financieros con respiración asistida, y el contribuyente, que en última instancia asume los costes de las crisis reiterativas.

---

67   Fuente: *Der Renminbi wird zur neuen D-Mark*, Andreas Uhlig, Neue Zürcher Zeitung, 15.12.2020

El segundo fenómeno que explica esta concentración sin precedentes de la riqueza es la digitalización de la economía. Este proceso, fruto de los avances de la informática, de Internet y de la inteligencia artificial en particular, tiene como consecuencia la destrucción de puestos de trabajo que va incrementándose respecto a los que se van creando. La lista de los sectores que van perdiendo empleos es larga. Ciertos sectores, como la hostelería, la restauración y el turismo en general, están habitualmente a salvo, a menos que surja una pandemia como la Covid-19 o aparezcan nuevas pandemias. Algunos sectores siguen contratando personal, pero sin compensar, ni mucho menos, la pérdida de puestos de trabajo. Pues, en el sistema actual, no todo el mundo puede convertirse en informático. En muchos sectores de actividad, el trabajo humano está siendo sustituido a gran escala por máquinas o algoritmos. La digitalización de la economía debería generar tiempo libre en una sociedad bien organizada y sostenible. Por el contrario, en el marco del neoliberalismo, aumenta la pobreza, la precariedad, el subempleo -ya que los desempleados se transforman a menudo en trabajadores pobres- e incluso el paro.

La financiarización y digitalización de la economía permiten que se acumulen las fortunas, no paso a paso, generación tras generación, como fue históricamente el caso de muchos empresarios, sino de forma extremadamente rápida, como lo ilustra perfectamente bien el ejemplo de Jeff Bezos y compañía[68]. Si bien sus cualidades empresariales han desempeñado un papel, las principales causas de esta concentración son otras. Se trata de la situación de monopolio

---

68   Véase el informe de Oxfam del 15 de enero de 2024 titulado: *Desigualdad S.A.*. Dice entre otras cosas: "Desde 2020, la riqueza conjunta de los cinco hombres más ricos del mundo se ha duplicado."

o cártel de la que se benefician las GAFAM[69], y de la política de los Bancos Centrales más arriba mencionada. A estas dos causas se añade una tercera, en este caso las ayudas públicas de todo tipo concedidas a las GAFAM. En efecto, el capitalismo de vigilancia mencionado en el capítulo anterior requiere unas grandes empresas que observen y espíen a la población a gran escala, y que reciban subvenciones para realizar este trabajo al servicio del Estado. Estas características de dominación, de manipulación del mercado y de control del mayor número de personas, están en evidente contradicción con los principios de empresas, mercados e individuos supuestamente libres, que la mayoría de los políticos y los principales actores de la economía y las finanzas, en particular los de las tecnologías de la información, pretenden defender. En este último sector, estas características permiten a sus directivos y principales accionistas apropiarse de una parte sustancial de los beneficios extraídos en otras ramas de actividad, donde la competencia es más tangible y que no se benefician tanto de la política monetaria o de las subvenciones.

El arte de aparentar

De esta acumulación sin sentido de riqueza resulta, a gran escala y a gran velocidad, la necesidad de inversiones y diversificación por parte de quienes se benefician de ella. La burbuja digital de las criptomonedas, mencionada en el capítulo anterior, lo permite sin lugar a dudas. Son enormes cantidades de dinero las que de esta forma pueden circular e invertirse con relativa discreción, para evitar impuestos. El arte digitalizado es una salida natural para estas

---

69   GAFAM es un acrónimo para las mayores empresas mundiales dedicadas a las tecnologías de la información: Google, Amazon, Meta, Apple et Microsoft.

grandes fortunas del siglo XXI. La criptomoneda Ethereum se utiliza principalmente para procesar estas imágenes virtuales. Gracias al protocolo Blockchain[70], se van confirmando las transacciones y adquisiciones, tanto para la criptomoneda en cuestión como para el arte digitalizado. En este último caso, los inversores adquieren NFT[71], o tokens criptográficos no fungibles. Se trata de un derecho de propiedad sobre dicha imagen, inscrito en un registro digital público y descentralizado. Se supone que la no fungibilidad del token da fe de la singularidad de la obra virtual.

Gracias a la digitalización y financiarización de la economía, la mercantilización del arte se ha intensificado enormemente. Las imágenes se titulizan, se transforman en activos financieros que se negocian en mercados líquidos y eficientes. Pasan a formar parte de una cartera de valores. En el capitalismo digital, de vigilancia, la imagen no sólo significa control, sino que también puede generar rápidamente grandes beneficios.

La crítica de Walter Benjamin[72] a la mercantilización del arte en los años 30, y su análisis de la pérdida del aura de la obra de arte en la era de la reproductibilidad técnica, se ven confirmados y reforzados en la era de la reproductibilidad digital. Si bien el acto creativo pierde su aura, el propietario del token recupera la del bar-

---

70   El protocolo Blockchain también se utiliza en el ámbito de muchos juegos de vídeo, para permitir la compra en línea de diversos elementos virtuales que supuestamente ayudarán a los jugadores a mejorar su rendimiento o la calidad de la interfaz.

71   NFT en inglés significa "Non-Fungible Token". Se trata de un archivo digital al que se adjunta un certificado de autenticidad.

72   *La obra de arte en la época de su reproductibilidad técnica,* Walter Benjamin, 1939.

niz cultural. Si invierte grandes cantidades en su compra y consigue sacarle provecho, aparecerá en los medios como un visionario artístico. Estos "tokens" -*fichas en castellano*- hacen honor a su nombre. Indisociables del proceso de digitalización y financiarización de la economía, son propios de las finanzas de casino.

Asimismo, a los poderosos del momento les complace que se les asocie con el arte, digitalizado o no. No les perjudica en nada en términos de fama y prestigio, y su ego se siente complacido. Pero todo ello no deja generalmente de ser superficial o arrogante. Se me ocurre un ejemplo. A principios de los años 2000, Bill Clinton, ya ex presidente de Estados Unidos, visitó París. Un importante banco estadounidense que opera en la capital le instó que hablara ante un selecto grupo de invitados. La retribución por este tipo de servicios puede alcanzar los 100.000 dólares. Por la noche, fue organizada en su honor una visita privada al Louvre. Se suponía que iba a acudir con sus allegados. Con mucha antelación, los empleados y la dirección del museo se esforzaron para preparar su visita lo mejor posible. La noche en cuestión, todo estaba listo. Le esperaron pero al final... no acudió[73]. ¡Seguro que tenía cosas mejores que hacer!

Volviendo a la digitalización, ésta permite que todos cuantos han sido rechazados con desdén de la fastuosidad del poder, que los excluidos de todo tipo, puedan orientarse hacia la llamada realidad aumentada. En efecto, los excluidos de la grotesca y frenética concentración de la riqueza en manos de la casta dirigente pueden disfrutar de un mundo virtual supuestamente gratificante, como el que ofrece el Metaverso de Facebook. Se trata de un mundo inmersivo, hacia el que todo el mundo puede volcarse temporalmente,

---

73   Varias fuentes independientes, que prefieren guardar el anonimato, me han informado de la visita fallida del Louvre por parte de Bill Clinton.

en forma de avatar u holograma, con la esperanza de establecer contactos sociales y finalmente sentirse realizado... virtualmente. Una gafas y unos cascos adecuados deben sumergir por completo la mirada del usuario en un entorno tridimensional, arrancándolo de una realidad de la que le gustaría escapar. Sigue habiendo pues un incremento de la abstracción y una omnipresencia de la imagen. Las compras en línea, pagadas en criptomonedas, permiten a su avatar mantener su standing. ¡Acceder al paraíso virtual, a la fantasía, no es gratuito! ¡La negación de la realidad tiene un precio!

Las finanzas de casino y el endeudamiento generalizado

El neoliberalismo ha dado lugar así a un sistema de finanzas de casino claramente inestable, caracterizado por unas apuestas[74] y deudas cada vez más importantes, cuyos riesgos, a partir de cierto nivel, corren a cargo del contribuyente.

Por otra parte, el endeudamiento generalizado y perpetuo, consustancial al neoliberalismo, somete la sociedad a los intereses de una ínfima minoría de la población[75]. El incremento de la precariedad, agravado por la Covid-19, y la publicidad agresiva, casi siempre de productos de pacotilla, incitan, o incluso obligan, a que la mayoría intente recurrir al préstamo. La obligación legal de pagar sus créditos genera un autocontrol por parte de la población, por miedo a acabar en una lista roja de personas insolventes que

---

74   Se trata casi siempre de derivados financieros. ¡En el caso de Suiza, en julio de 2024, el valor nominal de estos productos era del orden de 250.000 veces el PIB!

75   Véase: *La fábrica del hombre endeudado - Ensayo sobre la condición neoliberal,* Maurizio Lazzarato, Amorrortu, 2013.

dejarían de tener acceso al crédito. En este contexto, apenas queda tiempo ni energía para emprender la crítica que merece el sistema depredador que nos avasalla actualmente.

La deuda global, tanto privada como pública, es enorme. Superó el 300% del PIB mundial en 2024. Por tanto, sería ingenuo creer que existe la posibilidad de pagarla en su totalidad. En el ámbito actual de las finanzas de casino, la deuda se ha convertido en un negocio. Las deudas antiguas se pagan con otras nuevas, las cuales, titulizadas, siguen acumulándose muy deprisa. De este modo, aumenta el riesgo de impagos y quiebras, intensificando la profunda inestabilidad de la economía actual.

Este nivel de deuda es tal que requiere tipos de interés muy bajos, incluso negativos, para evitar unos impagos en cadena. Esto fue así hasta el inicio de la guerra en Ucrania. En Francia, por ejemplo, en 2020 y 2021, el gobierno pidió préstamos con tipos de interés negativos por periodos de hasta 10 años. A partir de 2022, los tipos de interés de la deuda pública volvieron a subir debido a la inflación provocada por este conflicto y el consiguiente aumento de los precios de la energía. Desde principios de 2023 hasta el mes de septiembre, "el tipo de interés medio ponderado de las emisiones de deuda pública a medio y largo plazo se sitúa en el 2,95%, frente a un tipo del 1,43% en 2022 y de unas medias del 1,16% en el periodo 2009-2021 "[76], sin tener en cuenta los costes inherentes a su gestión. Los intereses de la deuda habrán rondado los 50.000 millones de euros ese mismo año. El Gobierno francés debe por tanto saldar una carga creciente. Lo mismo ocurre en otros países. En España, el

---

76   Fuente: *Projet de loi de finances pour 2024*, L'Agence France Trésor, septiembre de 2023.

tipo medio de emisión se situó ligeramente por encima del 3% en 2023, y la carga de la deuda rondó los 40.000 millones de euros[77].

A modo de comparación histórica, en Francia el tipo de interés medio del stock de la deuda se situó en torno al 4% entre 1998 y 2008. Con este tipo de interés hoy en día, aplicado a una deuda total mucho más elevada en 2024[78] que entonces, la carga de la deuda, es decir, el pago de los intereses, superaría los 130.000 millones de euros al año, lo que la haría difícilmente sostenible. A título informativo, ¡el presupuesto asignado a los hospitales públicos rondaba los 95.000 millones de euros en 2022[79]! En España, este mismo tipo de interés del 4% aplicado al conjunto de la deuda pública en Septiembre de 2024[80] generaría pagos anuales de algo más de 65.000 millones de euros. A título ilustrativo, el presupuesto de la educación pública a penas superaba los 63.000 millones de euros en 2022[81].

---

77   Véase: *La alarma sobre la deuda se apaga: la carga de intereses apenas ha subido desde la pandemia*, Daniel Yebra / Yuly Jara, elDiario.esp, 03.02.2024.

78   *Véase: À la fin du deuxième trimestre 2024, la dette publique s'établit à 3 228,4 Md€*, INSEE, 2024.

79   Véase: *Le gouvernement Castex a-t-il doublé le budget de l'hôpital, comme l'a affirmé le Premier ministre ? - Entre 2020 et 2022, le budget est passé de 84,4 à 95,3 milliards d'euros, soit 13% d'augmentation*, France Info 24/01/2022

80   Véase: *Deuda Pública de España,* / Datosmacro.com

81   Véase: *El gasto público en Educación en 2022 superó los 63.380 millones de euros, un 6% más que en 2021*, La Moncloa, 27.3.2024.

En muchos países africanos, la carga de la deuda es exorbitante. En Angola, Kenia, Malawi, Ruanda, Uganda y Zambia, por ejemplo, en 2024, la carga de la deuda representa más del 50% del presupuesto público.[82] Lo que se queda para el gasto publico dedicado a Sanidad es muy limitado.

En Estados Unidos, el volumen de la deuda pública alcanzó unos 36 billones de dólares en noviembre de 2024[83], lo que equivale al 123% del PIB. Esto supone un pago de intereses de unos 3.250 millones de dólares al día, con un tipo de interés medio de la deuda total del 3,3%.

Son los contribuyentes, y más concretamente todos aquellos que no disponen de medios para pagar los servicios de las consultorías de optimización fiscal, quienes saldan estos volúmenes exorbitantes de deuda pública y de intereses a escala internacional. Éstas son el fruto de una política neoliberal aplicada deliberadamente por numerosos gobiernos durante los últimos cuarenta años, que permite a los más ricos reducir drásticamente sus impuestos y conduce a un mayor deterioro de los servicios públicos para la mayoría, como la sanidad, la educación y las ayudas a los más necesitados, y por tanto a un empobrecimiento generalizado[84]. Dicha política permite el fortalecimiento de los movimientos libertarianos de extrema

---

82   Fuente: La dette publique «étouffe» les pays africains et entrave leur réponse au VIH sida, ONUSIDA, 19.09.2024

83   Véase: *US national debt hits a new record: $36 trillion*, FOXBusiness, 22 de noviembre 2024

84   Véase entre otras cosas: Peter S. Goodman, op. cit..

derecha, como el que tomó el poder en Argentina a finales de 2023, mencionado en el capítulo anterior, o la AFD en Alemania, erróneamente percibida como una alternativa. Su chivo expiatorio favorito es el inmigrante, supuesto causante de todos los males y que merece, según ellos, ser expulsado.

Asimismo, en diciembre de 2020 a nivel mundial, el valor de las obligaciones con rendimientos negativos aún era de 18 billones de dólares[85] y equivalía aproximadamente a un tercio de la deuda pública. En octubre de 2022, este valor era unas 18 veces inferior[86]. Para muchos países desarrollados, la posibilidad de endeudarse a tipos de interés muy bajos o incluso negativos fue ganando impulso durante muchos años, lo que les incitó a endeudarse aún más. Cabe recordar que el tipo de interés es el precio del dinero. Que un precio se mantenga negativo durante tanto tiempo sólo puede ser debido a una manipulación a gran escala del mercado en cuestión, en este caso el mercado de deuda. Y fueron los Bancos Centrales los verdaderos protagonistas. Desde el momento en que decidieron subir los tipos de interés en 2022, las pérdidas futuras podían ascender a billones de dólares para los titulares de obligaciones si mantuvieran su decisión. Por cierto, el sistema bancario se tambaleó a principios de 2023, con la quiebra de varias entidades, entre ellas Silicon Valley Bank y Signature Bank en EE.UU. y Credit Suisse, sin olvidar la inestabilidad del Deutsche Bank.

---

85   Véase: *World's Negative-Yielding Debt Pile Hits $18 Trillion Record*, Cormac Mullen and John Ainger, Bloomberg, 11.12.2020

86   Véase: *Era of Negative-Yielding Debt Close to End as Japan Yields* Rise, Masaki Kondo, Bloomberg, 25.10.2022

El capitalismo en pleno declive: una perspectiva histórica

Comprender el profundo declive del sistema actual requiere una perspectiva histórica, que completa la visión general de las diferentes formas de capitalismo que aparecen en el primer capítulo.

Globalmente, desde los años 1870 hasta 1914, la aplicación de las políticas inspiradas en el liberalismo permitió a la humanidad experimentar un desarrollo y una aceleración sin precedentes tanto en los ámbitos económicos y científicos como sociales y demográficos. Los cien años siguientes, sin embargo, no estuvieron a la altura de las expectativas[87], con más de doscientos millones de muertos como consecuencia de las guerras y conflictos[88]. En este caso nos referimos a la Primera Guerra Mundial, seguida de la Gran Depresión de 1929 y de la de 1931[89], que dieron lugar a la aparición de terroríficos regímenes dictatoriales fascistas o nazis que pretendían responder a los desórdenes económicos del capitalismo y al malestar social con un Estado policial fuerte y militarizado.

Como bien analizó Karl Polanyi a principios de los años cuarenta, la realidad del liberalismo puede observarse en el fascismo, que pretende llenar el vacío dejado por la llamada economía de

---

87   Véase: *L'Apocalypse de la modernité - la Grande Guerre et l'homme nouveau*, Emilio Gentile, Flammarion, 2011.

88   Se trata de 231 millones de muertos en el siglo XX°. Véase el libro Milton Leitenberg, titulado: *Deaths in Wars and Conflicts in the 20th Century*, Cornell University, Peace Studies Program, 2006.

89   Sobre este tema, véase: *1931: Debt, Crisis and the Rise of Hitler*, Tobias Straumann, Oxford University Press, 2019.

mercado[90]. Como esta última tiende a destruir cualquier forma de vínculo social, y le resulta imposible construir una sociedad verdaderamente solidaria con la democracia que le ha de corresponder, surgen formas oscuras de nacionalismo, antisemitismo, racismo y fascismo, que aspiran a restablecer esos vínculos basándose en la sangre, la "raza" o una ideología. Por tanto, ningún país sería inmune a la aparición de estas fuerzas feroces y oscuras, mientras persista este tipo de economía.

El ascenso al poder de estas dictaduras capitalistas, incluida la de la URSS, con su Estado propietario de los medios de producción, provocó la Segunda Guerra Mundial con sus innumerables desastres y campos de exterminio. Su epílogo, con los bombardeos estadounidenses de Hiroshima y Nagasaki, marcó la entrada de la humanidad -o de lo que quedaba de ella- en la era nuclear, tanto militar como civil, con el enfrentamiento de las dos superpotencias, EEUU y la URSS, en el contexto de la Guerra Fría. El periodo de reconstrucción de las infraestructuras destruidas durante la guerra, conocido como los "treinta años gloriosos" en Francia o el "milagro económico" en Alemania, generó una cierta estabilidad y prosperidad en Europa Occidental, marcada por una política económica de estilo keynesiano, siendo el Estado el organizador de dicha reconstrucción.

Los años 1970 marcaron un punto de inflexión con la guerra de Vietnam y las crisis del petróleo. Con el golpe de Estado de Augusto Pinochet en Chile y la dictadura resultante, al que sucedió la elección de Ronald Reagan en Estados Unidos y la de Margaret Thatcher en Gran Bretaña, comenzó la implementación de las po-

---

90   Véase: Karl Polanyi, op. cit..

líticas económicas neoliberales[91], primero en estos países y luego en la mayoría de las demás naciones occidentales. Por así decirlo, Chile fue el laboratorio de estas políticas. La caída del muro de Berlín permitió exportar esta política a los países satélites de la antigua URSS, y en parte a la propia URSS. El fin de la Guerra Fría permitió así a este sistema moribundo recuperar, al menos en apariencia, una cierta virginidad. Se suponía que el neoliberalismo iba a traer a la postre el "fin de la Historia", como lo afirman los artículos y libros del sumiso intelectual, Francis Fukuyama, quien en su momento desarrolló sus tesis confusionistas que siguen haciendo estragos hoy en día. En su opinión, la desaparición de la URSS iba a permitir un consenso sobre la democracia liberal a escala internacional. El establecimiento de la agenda neoliberal debía iniciar una era en que los principios de la llamada economía de mercado con su supuesta democracia permitirían la instauración de una lógica de equilibrio a escala mundial. La desregulación desenfrenada de la economía y las finanzas y la mercantilización acelerada de las relaciones humanas debían convertirse en el principio y el fin. Se trata de un puro adoctrinamiento al que algunos han pretendido, y siguen pretendiendo, creer.

Unos 20 años después de la caída del Muro de Berlín se produjo, con la crisis financiera de 2008, el colapso del neoliberalismo. Algunos jugadores de póquer de las finanzas de casino, en este caso muchos de los grandes bancos, perdieron sus apuestas y se encontraron prácticamente en una situación de quiebra. Entonces pidieron al Estado, y por tanto al contribuyente, que los rescatara, en nombre del liberalismo, ¡por supuesto!

---

91   Sobre este tema, léase el libro titulado *Masters of the Universe, Hayek, Friedman, and the Birth of Neoliberal Politics*, de Daniel Stedman Jones, Princeton University Press, 2012.

Esta propaganda no se sostiene ante la realidad. Tras transformarse con el tiempo, el capitalismo en su forma actual, el neoliberalismo libertariano, va por libre y amenaza con arrastrar consigo a la humanidad en su loca trayectoria. Todos los indicadores están en rojo: el calentamiento climático, la contaminación, la crisis sanitaria ligada al desarrollo de pandemias, los conflictos armados de todo tipo, las tensiones crecientes entre Estados Unidos y sus aliados por un lado y un bloque formado por Rusia y China por otro, las crisis financieras y el aumento demencial de las disparidades sociales.

Bajo el neoliberalismo, el *homo economicus* analfabeto, que optimiza sus ganancias, ha mutado y se ha transformado en *homo financiarius*, una criatura depredadora, nociva para la sociedad, caracterizada por un profundo cinismo y una propensión, tan insensata como criminal, a acumular riquezas. Sus valores son ante todo monetarios. Me vienen a la mente dos anécdotas para ilustrar esta forma de ser. Hace unos doce años, me encontré por casualidad con un antiguo alumno mío en una cafetería. Aquella mañana acababa de enterarme de que su mujer había dado a luz el día anterior. Le pregunté por la salud del recién nacido y de su madre, y desvió la conversación para hablarme de las enormes cantidades de dinero que había manejado en los últimos días como parte de su trabajo en un importante banco. Le di otra oportunidad evocando de nuevo el nacimiento de su primer hijo, pero ni caso me hizo y volvió a hablar de dinero. Me fui asqueado.

Otro ejemplo: un trader está siendo tratado en una clínica. Ha sufrido un grave accidente y parece que tiene los días contados. La enfermera que me informó del caso le dijo que podía poner una foto enmarcada en la mesilla de noche. Ver a un miembro de su familia, a un allegado, le podría animar. Puso la foto de su coche en la mesilla: un Ferrari... Cuando uno se focaliza antes que nada en el hecho de tener y aparentar, inclusive en el ámbito privado, entonces es el vacío que se apodera de todo.

El neoliberalismo puede compararse a una religión pervertida, cuyos eminentes sacerdotes, en particular Milton Friedman y Friedrich Hayek, ya estaban en activo antes de su aplicación efectiva a escala internacional a finales del siglo pasado. La crisis de 2007-2008 evidenció cuánto este sistema es particularmente inestable, cómo genera disparidades sociales insoportables y cómo se opone a los intereses de la gran mayoría. A pesar de ello, muchos políticos a nivel internacional y la mayor parte de los economistas lo siguen presentando como la única opción. Incluso con más fuerza que su antecesor, el liberalismo, tiende a destruir cualquier forma de vínculo social, lo que se traduce en el desarrollo de unos peligrosos movimientos de extrema derecha.

Asimismo promueve la financiarización de la economía, contradiciendo por lo tanto los principios básicos del liberalismo en los que la esfera financiera pretende basarse. En su seno, *la mano invisible* de Adam Smith resulta cada vez más inoperante, en la medida en que la búsqueda de la satisfacción de intereses particulares genera un riesgo sistémico que perjudica el bienestar general. A menudo *la mano invisible* es sustituida por la mano del crupier de las finanzas de casino, que recoge las apuestas para los llamados bancos sistémicos y los fondos especulativos.

La propia dinámica del capitalismo genera la destrucción a gran escala del trabajo asalariado sobre el que no obstante se basa. Relaciones de dominación distintas a la del trabajo/capital se yuxtaponen a esta última para crear unas fuentes de beneficio distintas y acelerar la acumulación de riqueza.

Se trata de la relación deudor/acreedor[92], que hemos mencionado anteriormente, así como de la relación usuario/proveedor de infraestructuras digitales para las transacciones financieras electrónicas. Pues estas transacciones representan el enorme volumen de al menos 150 veces el PIB mundial, y generan comisiones especialmente lucrativas. También se trata de la relación contribuyente/Estado que permite que las entes financieras sistémicas estén cubiertas cuando sus apuestas salen mal. Por último, también hay que tener en cuenta la relación proveedor/vendedor de datos digitales. Genera enormes beneficios, ya que son los propios usuarios de Facebook, Google e Internet en general quienes proporcionan esos datos de forma gratuita. Una vez detenidamente clasificados y analizados, nuestros gustos y centros de interés son vendidos a ciertos clientes de GAFAM.

Salirse del callejón sin salida

De ser cierto lo que dicen muchos políticos a nivel internacional, la solución a nuestros problemas económicos y sociales pasaría casi siempre por el crecimiento y los acuerdos de libre comercio. Probablemente es lo que aprendieron en las aulas universitarias. Sin embargo, en la situación actual, el crecimiento económico significa también el de la contaminación, de las emisiones de CO_2, de las desigualdades sociales y una pérdida considerable de biodiversidad. Ya es hora de que lo entendamos.

---

92   Véase: *La Genealogía de la moral*, Friedrich Nietzsche, Alianza Editorial,1972, 2019, libro en el que el autor analiza, entre otras cosas, la relación contractual entre acreedores y deudores, el poder que otorga el crédito y la culpabilidad asociada a la deuda.

El crecimiento económico ya no es capaz de generar un verdadero desarrollo social[93] y no puede curar el cáncer que padece la sociedad.

En cuanto a los acuerdos mencionados antes, con demasiada frecuencia se convierten en incentivos para seguir contaminando y devastando el medio ambiente, con la expectativa de exportar aún más. Un eventual acuerdo de libre comercio entre la Unión Europea y Mercosur le daría carta blanca al gobierno brasileño para seguir destruyendo la selva amazónica.

Las respuestas que necesitamos son las que benefician a la humanidad, no a las finanzas de casino. Éstas, en virtud de su posición privilegiada, acaparan enormes cantidades de dinero: intereses de deudas, comisiones sobre transacciones o pagos electrónicos,

---

93   En *Jalones de derrota promesa de victoria: Crítica y teoría de la revolución española*, (1930-1939), libro publicado en castellano en 1948, reeditado por Muñoz Moya Editores Extremeños, en 2003 y traducido al francés por las Ediciones *Sciences Marxistes* en 2007, G. Munis analiza el trasfondo histórico de la crisis social y explica hasta qué punto el crecimiento económico ya no puede desempeñar un papel progresivo, es decir, ya no es capaz de generar desarrollo social. En los años 70, afinó este análisis en un artículo titulado *Imposibilidad del desarrollo capitalista*, en el que subrayaba la diferencia irreversible entre crecimiento y desarrollo una vez que el capitalismo ha alcanzado un determinado estado de evolución. En el transcurso de lo que describió como la decadencia de todo el sistema de civilización capitalista, el crecimiento de las fuerzas productivas tiende a obstaculizar e incluso a deteriorar el desarrollo social. Por ello, en su opinión, es urgente que la humanidad se deshaga cuanto antes de las clases sociales, del Estado y de la ley del valor, de acuerdo con el lema de la Conjuración de los Iguales de 1796, dirigida por Babeuf y Buonarroti, "la tierra no es de nadie, los frutos son de todos", un eco del aviso de Jean-Jacques Rousseau en la segunda parte de su *Discurso sobre el origen y los fundamentos de la desigualdad entre los hombres* (1755): "Estáis perdidos si olvidáis que los frutos son de todos y que la tierra no es de nadie".

garantías públicas para los grandes bancos, apuestas a gran escala, etc. Estos beneficios son difíciles de calcular con precisión, pero su orden de magnitud debería alcanzar fácilmente entre el 20 y el 30% del PIB mundial cada año.

Poderosos grupos de interés trabajan para impedir que cuestionemos realmente todo esto. El breve análisis de la situación en este capítulo nos permite esbozar algunas posibles soluciones, que se exponen con más detalle en la conclusión de este libro. Dado el papel central que desempeña la deuda en el marco del neoliberalismo, se trata en primer lugar que nos neguemos a pagarla a los grandes bancos y fondos especulativos que se enriquecen a costa de los más pobres.

Cancelar esta deuda es esencial si queremos reducir la incertidumbre y la creciente precariedad. En segundo lugar, reducir el poder de las finanzas de casino significa prohibir las apuestas y demás productos financieros tóxicos, es decir, aquellos que aumentan la pobreza y la injusticia social. En tercer lugar, la imposición de un microimpuesto sobre el volumen exorbitante de las transacciones electrónicas permitiría reducir este volumen, introducir granos de arena en el funcionamiento de las finanzas de casino y generar ingresos susceptibles de hacer desaparecer ciertos impuestos, entre ellos el IVA sobre los bienes de primera necesidad. Por último, habría que detener como es debido el poder monopolístico o de cártel de los GAFAM y dejar de tolerarlo.

La mercantilización de la naturaleza, en su sentido más amplio, y del trabajo del ser humano, ha conducido al neoliberalismo libertariano, una economía depredadora cuyas injusticias sociales no tienen precedentes; ha llevado a una intolerable jerarquía de ganadores y perdedores, presentada como algo natural, y a unas peligrosas alteraciones climáticas. En última instancia, esta mercantilización es incompatible con la democracia y está en vías de crear una cárcel digital para el común de los mortales. Ha llevado a la humanidad a un callejón sin salida del que es urgente salir, tanto en el caso de las generaciones presentes como en el de las futuras, que tienen el derecho inalienable a vivir con dignidad y decencia en una sociedad responsable y civilizada.

Capítulo 3
Cambio climático: lo que nos enseñan los veranos asesinos

En 2023, como también fue el caso en años anteriores, los bomberos estuvieron en primera línea durante los meses de verano. Esta época del año experimentó unos fenómenos climáticos extremos y los bomberos tuvieron que enfrentarse, a menudo en condiciones muy peligrosas e incluso arriesgando sus vidas, a las terribles inundaciones y enormes estragos causados por las lluvias torrenciales y demás tormentas devastadoras en el norte de Europa; también tuvieron que hacer frente a los gigantescos incendios forestales en el sur. Según un estudio de la OMS publicado en agosto de 2024, entre los años 2000 y 2019, murieron a nivel mundial, alrededor de unas 489.000 personas cada año, entre las cuales aproximadamente 175.000 en Europa, como consecuencia de las olas de calor. El número total de muertes prematuras seguirá subiendo, si no se toman medidas consecuentes.

Catástrofes en todos los continentes

Los demás continentes tampoco se libraron. En 2021, en Canadá, tras un récord de temperaturas de 49,6°C, el pueblo de Lytton se esfumó casi por completo. En este país, los gigantescos incendios forestales del verano de 2023 habían generado a finales de julio, es decir, durante los siete primeros meses del año, "el equivalente de las emisiones de carbono de Francia y Alemania juntas", durante este periodo, indicó Vincent-Henri Peuch, director del servicio de vigilancia atmosférica Copernicus, en la emisora de radio *France Info* el 4 de agosto.

Tras batirse en China el récord de temperaturas de julio de 2023 (52°C), el país experimentó auténticos diluvios a finales de este mes y principios del mes de agosto. En unas cuarenta horas, las precipitaciones en Pekín igualaron las de un mes de julio normal. Estas lluvias torrenciales causaron al menos unas cuarenta muertes y desapariciones. En cuanto al verano de 2023 en Europa, por poner sólo un ejemplo, a principios de agosto la temperatura subió hasta los 46,8 grados Celcius en el aeropuerto de Valencia. El otoño parecía haber desaparecido, al igual que la lluvia, al ser substituido por un verano interminable, ya que la sequía y el calor siguieron causando estragos.

Por desgracia, nos enfrentamos a una larga serie de catástrofes medioambientales de todo tipo y a los accidentes mortales que provocan. Como lo recalcan los informes del GIEC[94], y en particular el último de marzo de 2023, dichos desastres se deben principalmente a las emisiones de gases de efecto invernadero. Además, también están intensificando el calentamiento global y causando la pérdida de biodiversidad. Si no se aplican medidas consecuentes para combatir estas emisiones y la deforestación, estas desgracias seguirán en aumento, incrementándose su frecuencia.

Llenar el depósito por 1 millón de dólares

En este contexto cuanto menos preocupante, ¿cuáles han sido, no sólo en verano, los demás acontecimientos? Pues bien, ¡las desigualdades sociales han seguido al alza! Entre 2020 y 2021, el 90% más pobre de la población mundial sólo ha recibido el 10% de la riqueza

---

94   El Grupo Intergubernamental de Expertos sobre el Cambio Climático (GIEC) «ha sido creado en 1988 para proporcionar evaluaciones detalladas del estado de los conocimientos científicos, técnicos y socioeconómicos sobre el cambio climático, sus causas, posibles repercusiones y estrategias de respuesta.».

recién creada, mientras que el 1% más rico acaparó el 63%[95]. Los superricos, en sus megayates, siguieron navegando en conserva, de Saint-Tropez a San Bartolomé, pasando por la Costa Esmeralda o por Marbella. Llenar el depósito puede llegar a costar cerca de un millón de dólares, pudiéndose necesitar globalmente hasta 1.000 litros de combustible por hora, incluso más. ¡Pero que importan los costes y las emisiones de CO_2 correspondientes! ¡Que navegue la galera, o mejor dicho el palacio flotante, con su multimillonario, su corte y sus servidores a bordo! Por cierto, por término medio, cualquiera de los 125 multimillonarios más ricos, con su estilo de vida y sus inversiones, emite alrededor de un millón de veces más gases de efecto invernadero que un individuo normal que pertenece al 90% de los más pobres del mundo[96]. Por ejemplo, según datos del sitio de seguimiento de aeronaves JetSpy, con fecha del 14 de diciembre de 2023, los aviones privados de Elon Musk volaron 441 veces ese mismo año, durante un total de 1161 horas. El señor y su séquito no se están quietos, y no les importa ni los gastos ni la contaminación.

Ego sobredimensionado

Su rumbo no es sino la satisfacción de su ego sobredimensionado. ¡Nada es demasiado bueno! ¡Ponen en marcha el sálvese quien pueda de su casta, en paraísos fiscales flotantes y, quienes se lo puedan permitir a la larga, lo harán inclusive en el espacio! Estos lujosos navíos suelen disponer de salas de operaciones financieras,

---

95   Véase: *La ley del mas rico - Gravar la riqueza extrema para acabar con la desigualdad*, Oxfam, 2023

96   Véase: *Un multimillonario emite un millón de veces más gases de efecto invernadero que cualquier persona*, Oxfam, 07.11.2022.

lo que permite a sus propietarios apostar su dinero en el ámbito de las finanzas de casino y hacer que las cotizaciones de unas u otras acciones o criptomonedas se disparen -*ardan se dice literalmente en francés*-. Disponen de un helicóptero que les proporciona los manjares más exquisitos y las bebidas más caras, y que también los puede trasladar a un aeropuerto donde les aguarda un jet privado. Por cierto, estos vuelos privados se incrementaron bastante durante la pandemia de la Covid-19. Obviamente, ¡el confinamiento no fue obligatorio para todo el mundo!

Cuando se produjo la catástrofe del Titanic, a principios del siglo XX, los más ricos son los que tuvieron prioritariamente acceso a los botes salvavidas. Hoy en día, sus lujosos megayates ocupan su lugar. Pasan del resto[97], se aprovechan de la miseria del mundo y la acrecientan, sin ni siquiera dignarse a verla, o, como mucho, la ven en Netflix. Para esta casta, actuar en beneficio del bien común generaría gastos innecesarios y, desde luego, ¡ni siquiera está en su agenda! El mundo se ha convertido en un inmenso Titanic. Se conocen los peligros, tanto medioambientales como sociales, y también las soluciones, y sin embargo se mantiene el mismo rumbo hacia los desastres que nos acechan.

El petróleo y el Banco Nacional Suizo

Añádase a este triste panorama las inversiones realizadas por el Banco Nacional Suizo (BNS) con las acciones de las principales petroleras del mundo y los cuantiosos préstamos concedidos por los grandes bancos a las empresas emisoras de gases de efecto invernadero, lo cual está en flagrante contradicción con los Acuerdos de París de 2015, acuerdos que la mayoría de los países, incluida Suiza,

---

97   Véase el libro de Grégory Salle: *Superyachts*, Editions Amsterdam, 2021.

han ratificado. Está claro que las grandes instituciones financieras están por encima de la ley y de los acuerdos internacionales.

¿Y qué dice el mundo académico al respecto? En economía y finanzas, las corrientes dominantes brillan por su discreción, por no decir por su silencio, cuando se trata de abordar temas candentes, en particular los mencionados en este libro. Aunque sólo fuera por respeto a los contribuyentes que las financian, los representantes de dichas corrientes deberían asumir sus responsabilidades y por ende integrar las cuestiones medioambientales y sociales en el ámbito de sus análisis.

Los bomberos nunca se llevan bien con los pirómanos. Hay muchos bomberos. Abundan las mujeres y los hombres preocupados por las injusticias sociales y las crisis medioambientales, las que padecen ellos mismos o las que padecerán las generaciones futuras, y que, además, tienen en mente soluciones que proponer. Los incendiarios cínicos y extremistas son pocos, pero disponen de los mandos adecuados, mediante sus poderosos grupos de presión. Se niegan a aceptar cualquier tipo de regulación, ya sea medioambiental, financiera, sanitaria o incluso democrática, mientras fingen en amplias conferencias internacionales querer preservar la naturaleza. Estos oligarcas trasladan a los ciudadanos de a pie los crecientes costes del calentamiento global, la pérdida de biodiversidad y la contaminación. Esto no hace sino incrementar la injusticia social. ¡Ya es hora de dar la voz de alarma!

Fin de la partida: los COPinches montan su show anual

Los shows anuales, o COP en jerga burocrática, se celebran cada año entre finales de noviembre y principios de diciembre. Como en la obra *Final de partida* de Samuel Beckett, el suspense es irrisorio en estas cumbres, en estos no-eventos globales. Sin embargo, al tiempo que expresan su "decepción", la mayoría de los delegados gubernamentales de alto rango suelen mostrar una opinión comedida, incluso bastante positiva, en la medida en que consideran que el "pacto climático de Glasgow" de 2021 o el "Sharm el Sheik implementation plan" de 2022 corresponden al mandato de la COP, que consiste en "mantener vivo", aparentemente mediante respiración asistida, el objetivo de limitar el aumento de las temperaturas a 1,5°C de aquí a finales de siglo. Ahora bien, debería tratarse de alcanzar dicho objetivo en lugar de mantenerlo vivo indefinidamente.

Sus invocaciones para poner en práctica las decisiones que ya han tomado un montón de veces se han ido sucediendo. De hecho, la COP28, celebrada en Dubái en 2023, hizo un llamamiento en favor de "una transición excluyendo las energías fósiles". ¿A quién se dirigían, sino a sí mismos? Los COPinches se instan mutuamente a aplicar sus decisiones pasadas, que a la vez se niegan a aplicar. Es un curioso ejercicio de comunicación, que requiere cierto saber hacer, mucho convencimiento y todo tipo de contorsiones.

El elefante que año tras año da luz a un ratón

Resulta tentador parafrasear a Patrick Süskind en su novela con respecto a estas COPas mundiales de la hipocresía[98], especialmente las más recientes. Estas conferencias dedicadas al cambio climático apestan a petróleo, gas y carbón. Los representantes de las industrias de combustibles fósiles, y los bancos que las financian, exhalan vapores de turbia y dudosa liquidez. Los delegados gubernamen-

---

98 Véase en mi sitio web: *COPa del mundo de la hipocresía en Dubái*, Marc Chesney, versión castellana de mi artículo publicado en The London Economic, el 19.12.2023

tales que se someten a ellos huelen a incompetencia o venalidad, elíjase. A fin de cuentas, estas cumbres mundiales sobre el clima desprenden un profundo hedor que contribuye a hacer este mundo irrespirable, tanto en sentido literal como figurado.

En este mundo maravilloso en el que vivimos, no sería de extrañar que una conferencia para promover la paz en el mundo sea organizada en breve por la industria armamentística, y que una cumbre médica para combatir el cáncer de pulmón sea llevada a cabo por la industria tabaquera. Por cierto, estos industriales están en olor de santidad en las altas esferas del poder.

Estos shows anuales son como un circo, cuyo momento culminante no es un camello, como cabría esperar en Sharm el-Sheij en 2022 o en Dubái en 2023, sino un elefante que cada año da a luz a un ratón, con la ayuda decisiva de centenares de grupos de presión y el aplauso entusiasta de muchos políticos y periodistas. Los COPinches están contentos, el parto ha sido un éxito, se felicitan y preparan el del año siguiente. Los magos también actúan. Presentan e intentan transformar no-eventos en éxitos, tratan de blanquear energías sucias y contaminantes, y aspiran a presentar la corrupción como actividades de patrocinio o incluso de mecenazgo. ¡Todo un arte! El programa cuenta también con números de equilibrismo. El objetivo es equilibrar las necesidades del medio ambiente con las de la economía. Como si la naturaleza tuviera que adaptarse a unas necesidades económicas superiores. Ejercicio difícil donde los haya.

La puesta en escena no cambia de una COP a otra: un comienzo solemne, que se propone convencer a los representantes de la sociedad civil de que, esta vez sí, se va a considerar lo que está en juego y que esta cumbre representa al fin la verdadera oportunidad de reducir el calentamiento global. ¡Por cierto, el número de viajes en jet privado hacia y desde las sedes de la cumbre, que a menudo rondan los mil, da fe de la importancia que conceden los delegados gubernamentales de alto rango y la industria de los combustibles fósiles en su conjunto a la reducción de las emisiones de gases de efecto invernadero! En el caso de la COP28 de 2023, unas 80.000 personas fueron acreditadas para participar en esta conferencia (además de las decenas de miles de visitantes que también tuvieron acceso a la llamada zona verde que rodea el lugar de las negociaciones). Como no se desplazaron ni en bicicleta ni en AVE, casi todos los participantes extranjeros viajaron en avión cuando no en jet privado. Sus emisiones de gases de efecto invernadero, sólo por el viaje de ida y vuelta a Dubái, debieron rondar las 200.000 toneladas de CO_2 equivalente en unos quince días.

Luego, vienen unas dos semanas de palabrería y negociaciones entre los "tomadores de decisiones", que la mayoría de las veces deciden alargar las cosas. De hecho, dada su edad, experimentarán mucho menos las catástrofes naturales resultantes de su propia pasividad que las generaciones más jóvenes, excluidas de las verdaderas negociaciones y decisiones. A este respecto, es interesante recordar las palabras de Lloyd George, Primer Ministro británico durante la Primera Guerra Mundial, sobre la actitud del Jefe de Estado francés y del Ministro de Asuntos Exteriores ruso: "Se puede percibir lo que Poincaré y Sazonov se habrán dicho: 'Lo importante no es evitar la guerra; es hacer que parezca que hemos hecho todo lo posible por evitarla' "[99]. Hoy en día, queda bastante claro que ésta es también la actitud que prevalece entre la gran mayoría de políticos y financieros: dar la sensación de actuar para resolver los problemas medioambientales, a falta de hacerlo realmente, cosa que les conviene perfectamente a las empresas que producen energías contaminantes.

---

99   Véase: *Réquiem por un imperio difunto: Historia de la destrucción de Austria-Hungría,* François Fejtö, Encuentro, 2016, páginas 35 y 36 o el número especial de la revista satírica Crapouillot sobre la grande guerre, de 1935.

Por último, tiene lugar una última ronda de debates, retrasando la clausura de la conferencia. Se trata de mostrar que los responsables, conscientes de lo que está en juego, no han escatimado ni su tiempo ni su energía en elaborar acuerdos que, en la mayoría de los casos, no intentarán aplicar realmente. Este retraso se incluirá sin duda en el orden del día de la próxima COP, con el propósito, una vez más, de convencer a la sociedad de que esta vez sí el mundo político y financiero va a considerar lo que está en juego, y que esta futura ronda de reuniones será la verdadera oportunidad de limitar el calentamiento global... ¡Estemos seguros que cuando los COPinches se reúnan de nuevo al año siguiente, „mantendrán vivo" el objetivo de no superar el incremento de la temperatura por debajo de 1,5°C de aquí a finales de siglo! Así pues, en cada una de estas reuniones, el elefante sigue dando a luz a un ratón bajo los focos del gran escenario mediático y los "responsables" celebran los acuerdos vacíos alcanzados, como por ejemplo en Bakú en 2024.

Cinismo y engaños

Durante estas cumbres, se suele instar a los países miembros a „acelerar los esfuerzos para eliminar progresivamente la energía a base de carbón... y las subvenciones ineficaces a los combustibles fósiles". Como el texto de los acuerdos no especifica ni el plazo de tan simpática invitación, ni quién juzgará dicha ineficiencia, las frases como estas resultan bastante huecas. Los grupos de presión a favor de estas energías, presentes en Dubái con unos 2.500 miembros, se esfuerzan por definir los criterios de eficacia que corresponden a sus propios intereses. Siguen pues maniobrando tanto para proteger sus intereses como para aumentar sus beneficios, ya que una conferencia de estas características propicia las conversaciones de negocios y la firma de contratos en el sector de los combustibles fósiles.

Las subvenciones o ayudas anuales a los combustibles fósiles, que ascienden a unos 7 billones de dólares o algo más del 7% del PIB mundial, deberían desaparecer y reasignarse para financiar la transición energética. Este es el orden de magnitud necesario para limitar el aumento de las temperaturas a 1,5 o incluso 2 grados Celsius de aquí a finales de siglo.

Si no hubiera tanto en juego, estos shows recurrentes nos harían sonreír. El cinismo y los engaños son inaceptables y estos espectáculos mediáticos resultan estériles. Teniendo en cuenta la mediocridad de los resultados obtenidos y las emisiones de CO_2 generadas por los representantes de los gobiernos y grupos de presión para participar en estas cumbres, ¡de sobras bastaría una serie de conferencias en línea! De lo que se trata es de un verdadero cambio de paradigma y de modo de vida, para poner la economía al servicio de la humanidad y eliminar su carácter depredador y destructivo. Está claro que estamos muy lejos de conseguirlo, y el año 2022, con su COP y su Copa, desgraciadamente no ha hecho sino confirmarlo.

De Sharm el-Sheij a Doha: la copa rebosa

Cuando los COPinches se reunieron de nuevo en 2022 con motivo de la COP27, sin duda pretendieron celebrar, sin reparar en gastos, el incumplimiento de la mayoría de sus promesas medioambientales. Como cada año, se trata en realidad de un no-acontecimiento marcado por no-decisiones. Para evitar la emisión de grandes cantidades de gases de efecto invernadero, los dirigentes de este mundo y sus compinches cabilderos de los combustibles fósiles y de las finanzas, bien podrían haberse negado a acudir al evento en aviones presidenciales o en jets privados, y haber optado por presentarse a la conferencia a lomos de camello. Dado que la COP terminó finalmente el sábado 19 de noviembre de 2022, una vez concluidas las festividades, y que el Mundial de fútbol no empezó hasta el 20 de noviembre, incluso podrían haber viajado de Sharm el-Sheij a Doha formando una "caravana verde por el clima", tan verde como el dólar, para asistir a una Copa supuestamente "neutra en carbono". Orbitando en torno al cinismo y la venalidad, esta procesión de "emisión cero" de los grandes de este mundo hubiera simbolizado un cambio de enfoque de la esfera terrestre al esférico. De paso, poder saciar su sed en un "oasis de Coca-Cola" -la empresa patrocinadora de la COP27- habría aliviado sin duda su sed de liquidez. Al tratar de hacer olvidar a la gente de a pie el carácter duradero de sus desencantos y el deplorable estado del mundo, esta travesía del desierto les hubiera permitido apuntarse un tanto.

Del dolor y de los juegos

Así pues, el año 2022 finalizó con fútbol a todas horas en las pantallas para desviar la atención, y eso que la construcción de los estadios en Qatar provocó la muerte de al menos 6.000 trabajadores inmigrantes, que el gasto energético para climatizarlos ha sido colosal y absurdo, y que la supuesta neutralidad en carbono de esta Copa del mundo no es sino un espejismo, con unos 500 vuelos diarios para que los aficionados pudieran apoyar a su equipo queridísimo del alma.

En un momento en el que los COPinches fingen preocuparse por la situación climática, los grandes bancos internacionales, a menudo "sostenibles", conceden cuantiosos préstamos a empresas como Shell y TotalEnergies, que explotan descaradamente los recursos naturales del Ártico y que por consiguiente dañan a la naturaleza de forma irreversible. Treinta grandes bancos han otorgado préstamos por un total de 300 mil millones de dólares para llevar a cabo la perforación de pozos de petróleo y gas en esta región.

En un momento en el que los COPinches incluso derraman una lágrima por la sequía que se extiende, las actividades del sector militar representan, a nivel mundial, alrededor del 5,5% de las emisiones de gases de efecto invernadero[100].

En un momento en el que los COPinches brindan por el futuro del planeta, algunos establecimientos financieros, entre ellos suizos, financian, para gran regocijo de Jair Bolsonaro y sus aliados, empresas agrícolas brasileñas como BrasilAgro y Marfrig, implicadas en graves casos de deforestación no autorizada, destrucción del medio ambiente y violaciones de los derechos humanos.

En un momento en que los COPinches se dan palmaditas en la espalda, TotalEnergies y sus socios, de acuerdo con el gobierno ugandés, anunciaron ese mismo año su decisión definitiva de invertir y de lanzar un enorme proyecto de explotación petrolífera. La estructura resultante, con un gigantesco oleoducto que discurre junto al lago más grande de África, atraviesa varias zonas protegidas habitadas por elefantes, leones y chimpancés y, de paso, está destruyendo numerosos hábitats naturales. También provoca la expropiación forzosa de unas 100.000 personas[101].

No cambiar nada en lo fundamental, pero fingir, entre dos copas de champán, preocupación por la naturaleza y el calentamiento global, es lo que caracteriza a muchos gobiernos y a los directivos de las grandes empresas o de los bancos sistémicos. Otros ni siquiera se inmutan, como es el caso de la extrema derecha libertariana. En

100   Véase: *Estimating the Military's Global Greenhouse Gas Emissions, Stuart Parkinson*, Scientists for Global Responsibility (SGR) con Linsey Cottrell, Conflict and Environment Observatory (CEOBS), Noviembre de 2022.

101   Véase entre otras cosas: *Projet pétrolier de Total en Ouganda et en Tanzanie : enquête sur une « bombe climatique»*, Julie Pietri y Charlotte Cosset, FranceInter, 06.01.2023.

general, su política en este ámbito es peor que la no asistencia a las poblaciones en peligro, ya que equivale a poner directamente en peligro a esas mismas poblaciones.

Aún estamos a tiempo de reaccionar ante la hipocresía imperante y las infecciones que se desprenden de ella, para hacer nuestras vidas más respirables. El contexto es preocupante, con las intensas olas de calor que nos agobian en verano, la desaparición a gran escala de especies animales, la contaminación... Hay que poner fin a las perforaciones de pozos de petróleo y gas en reservas naturales, y a su financiación, así como al funcionamiento depredador de la economía en general. El *statu quo* no es una opción. La gota ya ha colmado la copa.

El timo de las finanzas sostenibles

Una cosa está clara. Las finanzas sostenibles están de moda, al menos hasta la toma de poder de Donald Trump, en enero de 2025. Salvo contadas excepciones, los mismos que hasta hace poco se burlaban de ellas ahora tratan de promoverlas y afirman que es la solución a los retos medioambientales actuales. Pero este repentino entusiasmo pone de manifiesto una paradoja. A pesar del fuerte crecimiento de las inversiones supuestamente sostenibles, las emisiones de gases de efecto invernadero, al igual que la temperatura media de la Tierra, siguen aumentando y no por ello la economía global resiste mejor. ¿Dónde está el fallo?

Las emisiones de gases de efecto invernadero disminuyeron en 2020 únicamente como consecuencia de la contención relacionada con la Covid, y no como resultado de una estrategia destinada a garantizar el cumplimiento del Acuerdo de París, cuyo objetivo es limitar el aumento de la temperatura a 1,5 o incluso 2 °C de aquí a finales de siglo. Por lo tanto, resulta contradictorio apoyar los acuerdos internacionales, que, sea dicho de paso, ni siquiera se han aplicado, destinados a reducir estas emisiones y, al mismo tiempo, promover grandes acuerdos de libre comercio, que tienen como efecto aumentarlas. Un sistema centrado en el crecimiento económico, la creación de nuevos mercados y la acumulación insensata de beneficios para la oligarquía, es incompatible con la implementación de verdaderas medidas respetuosas con la naturaleza. Lo único que queda es el lavado verde -greenwashing- es decir, anuncios que sólo tienen que ver con la comunicación y el marketing.

Por consiguiente, las dos palabras, finanzas y sostenibilidad, están en flagrante contradicción. "Finanzas sostenibles" es un oxímoron. Es preciso constatar que los hechos confirman este análisis. Sobran los ejemplos. Los numerosos préstamos concedidos a empresas implicadas en la deforestación de Brasil e Indonesia no hacen sino corroborar esta triste constatación. Se trata de proporcionar los préstamos necesarios para extraer combustibles fósiles con el fin de promover su uso intensivo.

En la práctica, como en la teoría, es decir, en su enseñanza, las finanzas sólo dan valor a lo que tiene precio. La naturaleza sólo tiene un valor para ellas si sus productos, como la madera, el agua y la miel, se pueden comercializar en los mercados internacionales, o de común acuerdo, directamente entre compradores y vendedores. Las especies salvajes, que tienen la indecencia de no producir nada tangible y comercializable a corto plazo, carecen pues de interés y al no poder valorarse tampoco tienen precio. Así, de forma retorcida, la proclamación del valor se convierte en la máscara de su destrucción. En efecto, un sistema que practica tal concepción utilitarista de la naturaleza es depredador. Para ser sostenible, en cambio, es esencial asimilar una idea muy simple: mercantilizar la naturaleza, que sí tiene un valor auténtico, equivale a destruirla.

Las graves crisis actuales, ya sean medioambientales, sociales o sanitarias, se deben la mayoría de las veces a los desbarajustes y patinazos de una economía financiarizada descontrolada que sólo ve la naturaleza dentro de un estricto marco comercial y utilitarista. Los orígenes de la pandemia de la Covid-19, por ejemplo, están ligados al disfuncionamiento de la economía, es decir, a la deforestación y a la pérdida de biodiversidad que genera. La propagación de una epidemia se ve acelerada por la globalización de la economía. Un análisis crítico, tanto de las causas como de las consecuencias de una pandemia como esta, es esencial si queremos proponer, o incluso desarrollar, planteamientos sostenibles. El calentamiento global está causado por las emisiones desenfrenadas de gases de efecto invernadero. El carbón, con los inicios de la industrialización, luego el petróleo y el gas fueron, y siguen siendo, las fuentes de energía asociadas a la acumulación descomedida del capital. Nuevas fuentes menos contaminantes, como la energía solar y la eólica, se están integrando en el proceso de producción, sin rechazar las de origen fósil. Estos diferentes tipos de energía se utilizan de una manera tal que ponen en marcha un régimen económico dañino.

Por tanto, es esencial denunciar el *greenwahing* -lavado verde- y el postureo de circunstancias. El mundo académico tendría que desempeñar en este ámbito un papel primordial. Ahora bien, la economía convencional es incapaz de entender que estas graves crisis son debidas a un sistema tóxico. Sus modelos son equivocados y no tienen realmente en cuenta las investigaciones científicas sobre el clima[102], como las del IPCC -Grupo Intergubernamental de Expertos sobre el Cambio Climático-. Subestiman por completo los peligros vinculados al calentamiento global y a la pérdida de biodiversidad.

---

102   La ONG Finance Watch «advierte del desfase entre la investigación climática y las previsiones económicas, que fomenta la inacción climática». Véase el informe titulado: *Finance in a hot house world*, Thierry Philipponnat, octubre de 2023.

El tartufo "nobelizado"

William Nordhaus, ganador del pseudo Premio Nobel de Economía, ilustra perfectamente este problema. Recibió el galardón en 2018 por sus trabajos que supuestamente han permitido "integrar el cambio climático en el análisis económico a largo plazo". En estas circunstancias, se tomó la libertad de afirmar que la aplicación de medidas destinadas a limitar las emisiones de gases de efecto invernadero no sería óptima hasta que el calentamiento global medio alcanzara los 3 grados Celsius. Dado que actualmente es de cerca de 1,40ºC con respecto a la media preindustrial (1850-1900), el "novelizado" tartufo insiste en que aún no deben ponerse en marcha medidas para limitar el aumento de la temperatura. Desde el pedestal científico en que lo han encaramado, señala, con toda la seriedad requerida, que el coste de las inversiones necesarias superaría los beneficios esperados. Nos recomienda que ignoremos los efectos actuales del calentamiento global y confiemos en cambio en el progreso tecnológico que algún día debería salvarnos. A falta de ser convincente, el muy necio laureado simula estar convencido: la naturaleza no puede imponer sus límites al género humano y a la economía. Aunque el calentamiento global actual ya es muy preocupante y muy duro para los seres vivos, sería urgente... esperar.

En lugar de dar tribuna a los falsificadores del pensamiento y permitir que sus palabras tengan eco, la universidad debería proporcionar las herramientas necesarias a las nuevas generaciones para que puedan entender y afrontar los retos medioambientales, sociales y económicos con el necesario espíritu crítico. Estas actividades de investigación y enseñanza sólo pueden desarrollarse realmente en un ámbito interdisciplinario y con vistas a deshacerse del lastre impuesto por la economía actual, que limita el pensamiento a las coacciones del capitalismo financiero y a la mercantilización de lo vivo.

También se trata de ofrecer una perspectiva académica a todos aquellos que, con razón, están preocupados por la inercia, o incluso el doble rasero y el cinismo, de muchos agentes económicos y políticos en lo que respecta a la protección de la naturaleza. La economía depredadora y las finanzas de casino son incompatibles con dicha protección. Los grandes bancos afirman a menudo tener una estrategia sostenible y responsable, al tiempo que financian las actividades de perforación de pozos de petróleo y gas, incluso de extracción de carbón y de deforestación de numerosas sociedades. El difunto Credit Suisse, uno de los principales protagonistas de las finanzas de casino, ha sido un claro ejemplo de lavado verde.

Capítulo 4
Finanzas clásicas y de casino: el ejemplo de Credit Suisse

«Aprendí demasiado tarde, que resulta mucho más sencillo
y rentable robar a la gente legalmente...»
Meyer Lansky, 1975[103]

Realizar montajes tan turbios como complejos y hacer apuestas a gran velocidad en mercados financieros desregulados y manipulados son las señas de identidad de las finanzas de casino. En este contexto cuanto menos caótico, algunas instituciones financieras salen ganadoras de estas partidas de póquer mentiroso a gran escala, mientras que otras se hunden. Por lo general, los directivos de dichas instituciones se llenan los bolsillos, y el común de los mortales sufre las consecuencias de estas malversaciones, pasando por caja de una forma u otra. El ejemplo de la quiebra de Credit Suisse lo ilustra perfectamente bien.

Credit Suisse: se acabó la fiesta

El 19 de marzo de 2023, se apagaron los farolillos y se acabó la fiesta para Credit Suisse. Apenas pasada la borrachera, los miembros del Comité Ejecutivo y del Consejo de Administración abandonaron momentáneamente la alfombra verde de las finanzas de casino, con el rostro serio, los bolsillos llenos y la conciencia tranquila. Entonces vinieron los lamentos y las disculpas. Ellos habrían hecho todo lo posible, que para eso se les paga tanto, pero, que no os

---

103   Cita del mafioso *Meyer Lansky, 1975,* mencionada en el documental de Arte, *Le temps des pionniers - Mafias et banques* (1/3), minuta 56

quepa la mayor duda, queridos lectores, la mala suerte, los rumores e incluso los complots del extranjero son los que habrían desbaratado su modelo de negocio, su sabia gestión del riesgo y su capacidad para "recuperar la confianza de los mercados financieros". De hecho, este era el objetivo que nos repetían hasta la saciedad, y esta confianza, decían, había que recuperarla, ya que sin ella no podríamos dormir tranquilos. He ahí supuestamente lo esencial, la razón por la que habría que invertir enormes cantidades de dinero público. Ganarse la confianza de la población protegiéndola de los excesos de las finanzas y de sus jugadores de póquer no parece estar, obviamente, en el orden del día. Retrocedamos pues en el tiempo para echar un vistazo a la cronología de los acontecimientos y poner de relieve sus estragos.

167 años de negocios turbios y escándalos

La historia de este banco nos permite constatar que su trayectoria está salpicada de escándalos y negocios turbios, por no decir delictivos,[104] desde su creación en 1856, a través de Alfred Escher, bajo el nombre de Schweizerische Kreditanstalt, o Crédit Suisse, hasta convertirse finalmente en Credit Suisse Group AG en 1993. Más allá de la financiación de la expansión de la red ferroviaria, su fundación y su patrimonio, al igual que el de la familia de Alfred Escher, estuvieron ligados de entrada a la colonización, la trata de esclavos y la producción de algodón, en Estados Unidos y Cuba entre otros lugares. Y luego, en el siglo XX, esta entidad bancaria prestó apoyo financiero al régimen del Apartheid en Sudáfrica. Además, muchos dictadores, como el filipino Ferdinand Marcos y el nigeriano Sani Abacha, acumularon su fortuna en este banco, con

---

104 *Die Frage ist: Mit welchen Verbrechen hängt unser Reichtum zusammen?*, Daniel Ryser, Republik, 02.05.2023

la discreción que otorga el secreto bancario, abolido oficialmente en 2009. También hay que añadir los negocios fraudulentos que llevó a cabo en Mozambique entre 2013 y 2016, y su condena en el caso de los millones de la droga búlgara. Fue acusado de blanqueo agravado de fondos procedentes de un tráfico de cocaína que se remonta a los años 2000, habiéndose celebrado finalmente el juicio en febrero de 2022. Credit Suisse, bajo su nombre original, también estuvo implicado en el escándalo de las llamadas cuentas inactivas, es decir, cuentas abiertas en Suiza en los años 30 y durante la Segunda Guerra Mundial, cuyos titulares, en particular judíos, fueron masacrados por los nazis. El dinero de estas cuentas habría permanecido íntegramente en dicho banco, o en otros bancos implicados en estos turbios negocios, si una comisión independiente de expertos internacionales dirigida por Jean-François Bergier, especialista en historia económica y social, no hubiera arrojado luz, a finales de los años 90, sobre el papel de Suiza como centro financiero durante la Segunda Guerra Mundial.

Además, el Centro Simon Wiesenthal contra el Antisemitismo y el Racismo[105] reveló, el 2 de marzo de 2020, una lista con los nombres de unos 12.000 nazis que se establecieron en Argentina. Muchos de ellos "alimentaron una o varias cuentas bancarias en el Schweizerische Kreditanstalt, que luego se convirtió en Credit Suisse, con sede en Zúrich", informó este Centro, que se dedica a perseguir criminales nazis. "Es muy probable que estas cuentas inactivas contengan fondos saqueados a víctimas judías en virtud de las Leyes de "Arianización" de Núremberg a partir de los años 1930. Y sabemos que los herederos de los nazis de esta lista están reclamando activos a su banco", estima el Centro.

---

105   *El Centro Wiesenthal revela los nombres de doce mil nazis instalados en Argentina, entre los cuales muchos habrían transferido cuentas en el Credit Suisse,* comunicado de prensa, Le Centre Wiesenthal, París y Buenos Aires, 02.03.2020.

Los nazis alemanes depositaban dinero en Argentina, a través de Suiza, en particular dinero robado, expoliado a judíos. Una cuenta en particular fue utilizada en el *Kreditanstalt*, la número 4063. Al parecer, en 2020, una gran parte del dinero robado a las familias de quienes fueron exterminados en los campos de concentración seguía depositada en cuentas del Credit Suisse.

Actualmente podría ascender a miles de millones de francos. ¿Adónde fue a parar ese dinero? Esta larga lista produce náuseas y sin duda podría ampliarse. Demuestra que la "gestión de activos", que era el orgullo de Credit Suisse y de sus partidos políticos amigos, está empapada en la sangre de innumerables víctimas inocentes.

Unos 35 años de finanzas de casino

La compra de First Boston por CS en 1988 selló la entrada de esta última en la super liga de las finanzas de casino con sus apuestas a gran escala. El modelo de negocio iba a cambiar. En lugar de limitarse a gestionar fortunas de origen turbio y sacar provecho de los intereses relacionados con los préstamos concedidos, se trataba de centrarse en las actividades de fusiones y adquisiciones y en aquellas asociadas a los derivados, que supuestamente debían justificar más tarde las extravagantes retribuciones de los directivos. El objetivo consiste pues en acumular rápidamente enormes beneficios. Esta extracción reduce la parte de los beneficios obtenidos internacionalmente por otros sectores de actividad. Los grandes bancos, por ejemplo, que organizan fusiones entre empresas industriales, se enriquecen notablemente. Sin embargo, este proceso rara vez es rentable a nivel empresarial, salvo para los directivos concernidos, que aprovechan la oportunidad para que aumenten sus remuneraciones como consecuencia del aumento del número de empleados en la nueva entidad. Por su parte, la venta de productos financieros complejos, como los derivados, negociados en enormes salas de operaciones financieras, es especialmente lucrativa.

Este modelo de finanzas de casino, en el que son los contribuyentes quienes asumen en última instancia las pérdidas, se ha convertido en la referencia de los grandes bancos, entre otros el CS.

15 años de ceguera voluntaria

La quiebra de Lehman Brothers y la crisis de 2008 en general pusieron de manifiesto el carácter moribundo y nocivo de este modelo. El cóctel elaborado con productos financieros complejos y tóxicos, enormes deudas, extravagantes retribuciones atribuidas a los directivos de las instituciones financieras y sus *traders*, y con un cinismo sin límites, estuvo a punto de hacer volar este sistema en mil pedazos. Sin embargo, el mundo político y académico de la economía y las finanzas miró púdicamente hacia otro lado, olvidando que su deber es representar los intereses de los contribuyentes y ciudadanos. Los analistas financieros y los auditores también padecieron, salvo algunas excepciones, un preocupante grado de ceguera deliberada. PwC, designada por CS en 2020 para llevar a cabo su auditoría, esperó hasta el 14 de marzo de 2023, cinco días antes de la debacle de CS, para "expresar una opinión adversa sobre la eficacia de los controles internos de este banco[106]". En esa fecha, la situación ya estaba bastante clara, y esta "opinión adversa" ya no tenía el más mínimo interés.

No hace falta ser un especialista en control de empresas para darse cuenta de que CS ya estaba al borde del abismo. ¿Qué cabría

---

106   Véase: *Consolidated financial statements – Credit Suisse (Bank)*, en la sección *Report of the Statutory Auditor*, que incluye un informe de PwC del 14 de marzo de 2023, página 432 III.

pensar de una situación en la que un alcohólico que ya ha causado numerosos accidentes de tráfico acudiera a un médico para obtener un certificado de buen estado de salud para poder conservar su permiso de conducir? ¿Y si, estando un paciente a las puertas de la muerte, el médico expresara finalmente una „opinión adversa" sobre su estado de salud, después de haberlo desatendido durante un montón de años? No sólo cabría pensar que es demasiado tarde para iniciar un tratamiento, sino también que a un especialista se le paga para que emita diagnósticos, no "opiniones" buenas o malas, que en realidad no requieren ninguna formación especial y le eximen de cualquier proceso judicial. Además, también cabe preguntarse por qué la Autoridad Suiza de Supervisión del Mercado Financiero, FINMA, no ha retirado la licencia bancaria a Credit Suisse. En resumen, en este caso, los auditores auditaron tanto como supervisaron los supervisores.

Las finanzas desenfrenadas pudieron así seguir campando a sus anchas, para regocijo de sus grupos de presión. En su momento, yo ya había llamado personalmente la atención sobre estos problemas en mis artículos en *Le Temps* en 2018: *La quiebra de Lehman Brothers es la quiebra de un sistema* y en 2022: *CS: la debacle del Casino Suizo*. Una lectura atenta de los informes anuales de Credit Suisse revela el valor nominal de estos productos financieros complejos, conocidos como derivados. ¡En 2020, era de más o menos 25 veces el PIB suizo[107]!

---

107   En comparación para UBS, el valor nominal de los productos derivados era en 2020 del orden de 29 veces el PIB suizo.

Una semana de pánico

Del 13 al 19 de marzo de 2023, reinaron la confusión y el pánico, con la garantía, el miércoles 15 de marzo, por parte del BNS y la FINMA de que "CS cumple los estrictos requisitos en cuanto a fondos propios y liquidez impuestos a los bancos de importancia sistémica". Esto no impidió que este banco, pocas horas después de esta declaración, solicitara de todos modos un préstamo de 50.000 millones de francos suizos, supuestamente para tranquilizar a los mercados financieros. No permanecieron tranquilos mucho tiempo, apenas unas horas. 50.000 millones no eran suficientes. Este Moloch necesitaba más.

2 días para amañar una solución

Bajo la presión de los dirigentes estadounidenses, que temían que el efecto dominó que se había iniciado en su país con la quiebra de Silicon Valley Bank siguiera extendiéndose, se improvisó una solución a toda prisa y con falta de transparencia durante el fin de semana del 18 y 19 de marzo, con el rescate por parte de UBS de CS por un precio simbólico, convirtiéndose, por así decirlo, en la Unión de Bancos Sistémicos[108]. Debido al recurso a la ley de emergencia, algunas partes clave del contrato siguen siendo secretas. Se ha ignorado la ley "too big too fail" adoptada en 2011 y las regulaciones establecidas desde 2008 no funcionaron y se ha creado finalmente un mastodonte que controla Suiza, en lugar de ser controlado por ella. Se dice que el balance de esta nueva UBS es del orden de dos veces el PIB de Suiza, y el valor nominal de sus derivados de entre 40 y 50 veces ese PIB.

---

108   Cabe recordar que en 1997, UBS se hizo con el control de otra institución sistémica: la *Société de Banque Suisse*, o SBS.

90 minutes de ejercicios de comunicación poco convincentes

El acto final de esta farsa, que sería risible si no fuera tan patética, consistió en reunir a los principales protagonistas de este asunto, los mismos que habían explicado unos días antes que la situación de CS estaba bajo control, para que vinieran a explicar en la conferencia de prensa del 19 de marzo de 2023 que este rescate era la mejor solución para Suiza, con vistas a restablecer la confianza en los mercados financieros...

Los ciudadanos deben de estar alertas, de lo contrario continuarán las „fiestas" y las quiebras. Entre las muchas preguntas que plantea esta serie grotesca de hechos, destaca una. ¿En qué datos se basaron el BNS y la FINMA para asegurar que la situación de CS estaba bajo control el 15 de marzo de 2023, visto que este banco desapareció cuatro días después? Dado que el balance y el fuera de balance de un gran banco son muy complejos y pueden cambiar de un día para otro, o incluso de una hora para otra, resulta imposible que los datos de finales de 2022 hayan sido suficientes. Los datos de mediados de marzo de 2023, comunicados finalmente por CS a finales de abril, son, como los anteriores, incompletos y engañosos. En general, los informes anuales o trimestrales presentan los capitales propios de los grandes bancos zombis de forma positiva[109]. Queda claro que el Saudi National Bank no quiso realizar un análisis crítico de la situación y se conformó con estos datos. Como resultado, perdió alrededor del 80% del capital que había invertido en CS a finales de 2022.

---

109   A partir de 2017, la Finma ha autorizado Credit Suisse a utilizar un «filtro reglementario» para sus capitales propios, lo cual permitó a este banco mejorar su imagen en términos financieros.

La debacle del Casino Suizo: rendimientos catastróficos y retribuciones escandalosas

Hay que subrayar que el descenso a los infiernos de Credit Suisse a lo largo de los años es cualquier cosa menos una sorpresa. Durante muchos años, la trayectoria de este banco ha estado asociada a repetidos escándalos y pérdidas, así como a un equipo directivo que ha navegado a ciegas mientras aprovechaba descaradamente las oportunidades. Que el lector juzgue. Brady Dougan, director de CS hasta 2014, recibió una retribución de unos 160 millones de francos suizos en 8 años, durante los cuales las cotizaciones en bolsa cayeron alrededor de un 70%. Su sucesor, Tidjane Thiam, cobró unos 64 millones de francos suizos en cuatro años y medio, y la cotización cayó otro 40%. El hombre que le sustituyó, Thomas Gottstein, consiguió 3,8 millones de francos suizos en 2021, pese a los costes derivados de los turbios negocios realizados con los fondos especulativos de Greensill y también Archegos, cuyo fundador había sido condenado por diversos delitos financieros por los tribunales estadounidenses en 2012. En cuanto al director del Consejo de Administración, Urs Rohner, que permaneció en su puesto de 2011 a 2021, recibió algo más de 40 millones de francos suizos, mientras que la cotización de la acción cayó un 70% durante esa década. La lista completa de reveses y escándalos sería demasiado larga.

Por respeto al lector, al que no deseo importunar, me detengo aquí, formulando una simple pregunta: ¿Pueden justificarse los sueldos astronómicos de dichos "directivos" visto sus "resultados? La respuesta a esta legítima pregunta debería interesar, en principio, a los empleados del banco, a los clientes, a los contribuyentes y a los ciudadanos suizos en general, es decir, a todos aquellos que, en mayor o menor medida, pagan la factura cuando se acumulan los abusos incontrolados y los montajes turbios de esta institución sistémica. Es probable que muchos ya sepan responder a esta pregunta, ya que no hace falta un doctorado en economía para hacerlo: basta con el sentido común. Es evidente. Según el liberalismo, en el que se reconocen todos estos ejecutivos, las retribuciones están vinculadas a la productividad del trabajo y al rendimiento. Cuando estos últimos son negativos desde hace tanto tiempo, cuando el valor de las acciones al que se refieren en términos absolutos no es más que una sombra de lo que fue -fue dividida por poco más o menos 100 entre principios de mayo de 2007 y mediados de marzo de 2023-, no resulta difícil darse cuenta que estas remuneraciones son injustificables y escandalosas. Responsabilizarse y asumir los riesgos en juego es un principio básico del liberalismo. Llevarse la tajada y jugar al póquer con el dinero de los contribuyentes es claramente contrario a este principio.

Apuestas a gran escala y productos financieros tóxicos

El Grupo SIX, que gestiona la bolsa, publica estadísticas sobre el valor nominal de los derivados, en particular sobre las acciones, para Suiza. Hay semanas en las que las cifras son asombrosas: en la última semana de mayo de 2021 y la segunda semana de marzo de 2022, eran del orden de 53.000 y 3.750 veces el PIB suizo, respectivamente. En julio de 2024 se trataba de una cantidad que le era 260.000 veces superior. ¿A qué se debe que los derivados, que supuestamente son contratos de seguro contra riesgos financieros, alcancen tales volúmenes? ¿Cómo creer que las necesidades de cobertura financiera en Suiza asciendan a decenas de miles de veces el PIB, o a centenares de veces el PIB mundial? El orden de magnitud debería ser mucho menor.

Para una familia, por ejemplo, el PIB suele corresponder al salario anual. El valor nominal de las pólizas de seguro que ha suscrito, para su piso, su coche, etc., así como el del seguro de vida, en este caso lo que percibiría en caso de incendio, accidente o fallecimiento, son quizá de 5 a 10 veces superiores al salario anual, ¡pero no 260.000 veces! En cambio, si esta familia tuviera derecho a contratar seguros de automóvil para el coche de un vecino que conduce mal, podemos imaginar que lo haría a gran escala. En realidad, ya no se trataría de contratos de seguro, sino de apuestas por el accidente de coche del vecino. Por ende, la familia en cuestión podría tener la tentación de sabotearlo para aumentar las posibilidades de que se produzca el accidente. Por supuesto, este tipo de apuestas están prohibidas para los coches, pero no en finanzas, donde es habitual apostar por la quiebra de una determinada empresa.

Así pues, los volúmenes astronómicos de los productos derivados en Suiza, como en muchos otros países, corresponden muy probablemente a este tipo de apuestas, cuyas pérdidas en última instancia corren a cargo de los contribuyentes, en cuanto se ven implicadas instituciones financieras sistémicas. ¿Hasta qué punto estaba implicada CS? Es un misterio. No se filtra ningún dato de esta caja negra que contienen páginas de estadísticas. ¿A qué esperan los poderes públicos para exigir una aclaración completa? Esta situación no hace sino aumentar la inestabilidad, de la cual se aprovechan las finanzas de casino.

¿Qué más hace falta para que los especialistas en la materia, incluidos los universitarios, den la voz de alarma? El hecho que los bancos sean los que paguen, a menudo muy espléndidamente, a los que se supone los están analizando, crea claramente conflictos de intereses e inhibiciones. Sin embargo, los contribuyentes tienen derecho a recibir una evaluación seria del estado de los bancos, a los que se supone que deben rescatar si es preciso.

En cuanto a los derivados que permiten cubrirse contra un impago de este banco, los *Credit Default Swaps*, su precio se disparó a partir de 2022. Convendría saber quiénes eran los jugadores sentados alrededor de la alfombra verde, en este caso, qué instituciones financieras, incluidos los fondos especulativos, apostaban por la insolvencia de Credit Suisse y cuáles, por el contrario, apostaban por la garantía estatal de la que se beneficiaba. Aunque sólo fuera por respeto a los contribuyentes, que se vieron obligados a acudir al rescate: con ayudas y garantías del orden de 110.000 millones de francos suizos, es obvio que habría que exigir este tipo de aclaraciones.

A principios de 2023 se activaron otros tipos de apuestas financieras. Se trataba de ventas cortas, de acciones de CS en particular. "Corta" significa que estos activos no son propiedad de la institución que inicia la venta, sino que son prestados. Normalmente, no se puede vender algo que no se posee, como un coche, por ejemplo. Pero en finanzas es posible. Una institución financiera toma prestadas acciones de un banco y las vende en bolsa. En cuanto cae el precio de las acciones, las recompra a un precio bajo y las devuelve al banco que se las prestó. La diferencia entre el precio de venta y el precio de compra permite a la entidad en cuestión obtener un beneficio, más o menos cuantioso según la importancia de la caída del precio de la acción.

Las ventas cortas de este tipo, sobre acciones alteradas como CS, Deutsche Bank y Silicon Valley Bank, que quebró, generaron ganancias de unos 7.000 millones de dólares en marzo de 2023[110]. La fiesta continuó con otros bancos en el punto de mira, como First Republic Bank, que quebró poco después que CS. Las instituciones financieras en cuestión son principalmente fondos especulativos,

---

110   Véase el artículo: *March's banking chaos gave short sellers their biggest profits since the financial crisis*, Elliot Smith, CNBC, 6 de abril de 2023.

cuyo objetivo es permitir que individuos extremadamente ricos se hagan aún más ricos. ¡Menudo programa!

Por último, podemos observar que este banco formaba parte de muchas redes de finanzas supuestamente sostenibles. Por citar sólo algunas: UN Global Compact, Swiss Sustainable Finance, Net-Zero Banking Alliance... ¡Apostemos a que verde es el color de la gigantesca alfombra donde se hacen las apuestas financieras de casino, como señal de sostenibilidad!

Antes de concluir este capítulo, conviene mencionar cuan discreta es la comunidad académica cuando hay que analizar los desengaños y deslices de las finanzas y, en particular, la debacle de CS. Se trata de un caso de condescendencia hacia el sistema financiero. La mayoría de los profesores del sector, sobre todo en Suiza, no han hecho sino callarse. Otros pocos, previamente, hicieron declaraciones tranquilizadoras sobre la imposibilidad de semejante quiebra y sobre la supuesta estabilidad de este sistema. En resumen: silencio ensordecedor o piropo relajante. El contraste en relación con el problema del cambio climático y la pérdida de biodiversidad es asombroso. Para explicar estos fenómenos y llamar la atención de la opinión pública sobre las catástrofes en curso o por venir, muchos profesores de ciencias naturales, en particular los que son miembros del IPCC, se comprometieron públicamente con el bien común. En cambio, la quiebra del segundo mayor banco de Suiza no suscitó en la inmensa mayoría de los académicos especializados en este campo la necesidad de salir de sus torres de marfil. La pasividad intelectual, el confort de la rutina diaria, los posibles complementos salariales por parte de las grandes instituciones financieras y el papel desempeñado por ciertas fundaciones, como el Swiss Finance Institute[111],

---

111   Véase el artículo: *Swiss Finance Institute: Forschung und Lehre im Sold der Banken*, Sophie Hartmann, Maria-Theres Schuler, Republik, 13.09.2024.

impiden que se realice un examen sin concesiones, imposibilitan el cuestionamiento de un statu quo placentero pero no por ello menos destructivo para el común de los mortales, y evita también la denuncia de los estragos de este banco cuando financia la perforación y explotación de combustibles fósiles.

Hay que señalar, por tanto, que más allá de la quiebra de CS, asistimos también al naufragio del sistema de finanzas de casino, el de una élite política que ha dejado hacer durante quince años, y al del mundo académico en este campo, que con demasiada frecuencia muestra una condescendencia fuera de lugar hacia las grandes instituciones financieras. Las finanzas de casino, al igual que las finanzas en su forma clásica de la que han surgido, requieren, o han requerido, el apoyo académico, susceptible, al menos en apariencia, de justificarlas tanto intelectual como científicamente, y de proveerlas en mercenarios de cuello blanco depositarios de un saber que propicie el acaparamiento acelerado de riqueza por parte de una casta codiciosa. Apostar por la venalidad de amplios sectores del profesorado de economía es obviamente rentable.

Capítulo 5
Ciencia económica y corrupción académica

«¿Saben cuál es la base de la propiedad, la verdadera base? Es la creencia en la inmortalidad del alma.»

Georges Darien[112]

La formación en economía es un engranaje esencial del sistema actual. Tiene por objetivo colocar a escuadrones de licenciados en el "mercado laboral" cada año, susceptibles de defender con uñas y dientes el indefendible statu quo. El enfoque y la jerga pseudocientíficos son decisivos en la cínica batalla para promover un sistema depredador.

El ejemplo de Chile, ya mencionado en este libro, es ilustrativo. Ya en 1956, mucho antes del golpe de Estado de 1973 encabezado por Augusto Pinochet, la Pontificia Universidad Católica acordó asociarse con su homóloga de Chicago. Esta última financió y asumió la formación de economistas neoliberales tanto en Chile como en su propio campus, permitiendo a los más "dotados" de los Chicago Boys continuar sus estudios siguiendo las clases de Milton Friedman, un "papa" del neoliberalismo, antes mencionado. Esta "santa" alianza entre la Iglesia apostólica y romana y el dólar, entre el Templo y sus mercaderes, ejerció una influencia predominante en el contenido de la enseñanza de la economía. Al transmitir la doctrina de los mercados divinizados, formateó las mentes de muchos estudiantes que, tras sus estudios, desempeñaron un papel clave en la preparación ideológica de la toma del poder, y luego en el fun-

---

112 Véase *El ladrón*, Georges Darien, CONACULTA-Consejo Nacional Cultura Artes, 1998

cionamiento económico del régimen dictatorial surgido del golpe de Estado, en el que se implicaron a partir de septiembre de 1973. Por cierto, Friedrich Hayek, otro "papa" de la ideología neoliberal, visitó Chile en varias ocasiones después del golpe.

Se deshizo muchas veces en elogios hacia la política económica de Augusto Pinochet, a quien conoció personalmente en uno de sus viajes[113].

Se trata claramente de corrupción académica, bajo una forma particular. Algunos profesores, en nombre de una ideología de supuestos mercados libres, participaron en un movimiento violento que suprimió libertades fundamentales, encarceló y asesinó. Desde luego, no lo hicieron gratuitamente. Vincularon sus intereses a los de una dictadura.

La economía política y su crítica

Esta vinculación es un curioso vuelco a la situación, dado que el hecho de oponerse a la arbitrariedad del Príncipe o de la Iglesia está precisamente en el origen de la economía política como ciencia social. "Esta ciencia, nacida al calor de la lucha de la burguesía contra el sistema feudal" tal y como lo escribió Karl Korsch en 1938[114], fue de entrada una ciencia de la emancipación. Obviamente, hace tiempo que no es así. La economía, como verdadero campo del saber, está íntimamente asociada al desarrollo del capitalismo y ha proporcionado un marco para el pensamiento racional frente al absolutismo del Antiguo Régimen.

---

113   Friedrich Hayek declaró : «*Personalmente, prefiero un dictador liberal a un gobierno democrático que carece de liberalismo*», entrevista publicada en el periódico chileno *El Mercurio*, el 12 de abril de 1981.

114   *Karl Marx*, Karl Korsch, ABC, 2004.

Años atrás, muchos filósofos, teólogos, juristas, historiadores y hombres de letras que vivieron antes de la aparición del capitalismo en su forma dominante, o que lo acompañaron en sus primeros compases, han tratado cuestiones económicas. Me vienen a la mente algunos nombres ilustres. Aristóteles situaba la economía, el Buen Vivir en el hogar colectivo, dentro de los límites de la política y de la ética común, y percibía como una perversión la búsqueda de una acumulación infinita de riquezas[115]. Tomás de Aquino analiza la cuestión de la usura y la formación de un precio estipulado "justo"[116]. Ibn Jaldún aborda los vínculos entre política, economía y violencia, y el papel del Estado en la economía[117].

Adam Smith, que ocupó la cátedra de Lógica en la Universidad de Glasgow y más tarde la de Filosofía Moral, definió el origen de toda riqueza como intrínsecamente ligado al trabajo humano. Es dicho trabajo el que confiere a las mercancías su valor (de cambio). Esta teoría del valor es una de las principales características de la economía clásica. Adam Smith consideró que el stock de capital y la división del trabajo, amplificada a su vez por el tamaño del mercado[118] eran los principales factores del enriquecimiento de las

---

115   *Política*, Aristóteles, Biblioteca Nueva, 2017.

116   *Soma Teologica, IIa-IIae*, Question 78, Thomas d'Aquin, tratado escrito entre 1266 y 1273 y *La bolsa y la vida: Economía y religión en la Edad Media*, Jacques Le Goff , Gedisa, 2021.

117   *Introducción a la historia universal*, Ibn Jaldún, publicación original: 1377, Almuzara, 2008.

118   *Una investigación sobre la naturaleza y causas de la riqueza de las naciones*, Adam Smith, Tecnos, 2009. Publicado inicialmente en 1776.

naciones. Creó la expresión *"la mano invisible"*, refiriéndose a su teoría de que la propensión a actuar por interés económico propio debería contribuir al bien común y a su prosperidad.

Por su parte, dotado de conocimientos eclécticos gracias a sus lecturas y contactos con científicos, Saint-Simon se centró en el industrialismo naciente, el trabajo productivo, los avances técnicos y la ciencia en general como fuente de progreso humano[119].

Esta lista no exhaustiva muestra que la organización de un poder, de un régimen político, la constitución de un Estado, requieren que se intente responder a un cierto número de cuestiones cruciales, principalmente de naturaleza económica, y que éstas se plantearon mucho antes de que existiera una ciencia académica que las abarcara de manera exclusiva. Quienes las abordaron, formados en otras disciplinas, fueron los precursores de una ciencia en ciernes que no florecería realmente hasta el siglo XIX, con el ascenso al poder, a nivel internacional, del modo de producción capitalista. Para poder funcionar eficazmente, este modo de producción requiere las herramientas teóricas correspondientes. La economía política debía proporcionárselas sobre temas fundamentales: el análisis del valor de las mercancías, el papel del Estado, el desarrollo de los mercados, sus interacciones, la formación de los precios, los salarios, el desempleo, las políticas monetarias, la producción y el consumo óptimos, el impacto de las guerras, etc.

---

119 *Doctrine de Saint-Simon*, coeditado por Juliette Grange y Pierre Musso, publicado en las ediciones Le Bord de l'eau en 2020 y *El organizador*, Saint-Simon, escrito entre noviembre de 1819 y febrero de 1820.

La mercancía y su valor

A lo largo del tiempo surgieron diferentes escuelas de pensamiento, caracterizadas por análisis divergentes o incluso opuestos. Sobre el primero de estos temas, el economista David Ricardo, a principios del siglo XIX, retomó y enriqueció los trabajos desarrollados por Adam Smith para estudiar el valor de una mercancía a partir del trabajo necesario para producirla, o del trabajo que en ella está incorporado. Karl Marx se basó en ello para definir el valor a partir del tiempo de trabajo socialmente necesario para su producción. Puso de relieve y explicó el concepto de plusvalía, o diferencia entre el valor de las mercancías y los salarios pagados a los trabajadores que las producen. Para sobrevivir, los trabajadores venden su fuerza de trabajo a los capitalistas. Éstos, en principio, se la pagan al coste necesario para su reproducción, es decir, al valor de las mercancías necesarias para satisfacer sus necesidades cotidianas básicas: alimentación, vivienda, calefacción, transporte, etc., y no al valor del producto de su trabajo. De este modo, la fuerza de trabajo es considerada como una mercancía, y su venta es el elemento clave del proceso de creación de plusvalía, que la burguesía obtiene para mejorar su propio tren de vida y acumular capital. Esta plusvalía se realiza en cuanto la producción se vende en el mercado.

Con la revolución industrial, las máquinas, o "trabajo muerto", succionan y dominan el trabajo vivo, que se vuelve repetitivo y deshumanizado, en condiciones de opresión atroces, como bien estudió Karl Marx[120]. Éste explicó que la explotación y la ley del va-

---

120   La época victoriana es conocida por haber sido especialmente oscura y opresiva para los obreros y sus familias. Por ejemplo, Charles Dickens, en su novela *Oliver Twist* (1837), describe el hambre, el frío y los malos tratos que sufrió un niño en esta época.

lor no resultan de leyes naturales, sino de una determinada relación de producción, en este caso el capitalismo, lo que le llevó a criticar la economía política, por estar íntimamente ligada al capitalismo. Militó y abogó por la abolición del capitalismo y su sustitución por una sociedad sin clases: el comunismo.

A finales del siglo XIX surgió la llamada "Escuela Marginalista". Está vinculada a los trabajos de Léon Walras, Carl Menger y William Stanley Jevons. Considera que el valor de la unidad de un bien procede de la utilidad que tiene para su consumidor en lugar del trabajo estándar necesario para produir esta unidad. Las relaciones sociales antagónicas no tienen cabida en esta escuela. En función de sus necesidades, ciertos individuos, es decir, productores, consumidores o „agentes" en sentido genérico, coinciden ocasionalmente en mercados, en cierto modo aseptizados, para tratar diferentes mercancías, como el trabajo, por ejemplo.

El papel del Estado

En cuanto al segundo tema, el papel del Estado, la escuela liberal tendía a defender el "*laissez-faire*". Se suponía que el desarrollo de los mercados y la apertura al comercio internacional garantizarían la paz y la prosperidad de los países. El Estado debía, ante todo, limitarse a mantener el orden y abrir nuevos mercados, en parte gracias a las colonias. Estas teorías fallaron, ya que se toparon con la Primera Guerra Mundial y la gran crisis internacional de 1929 y sus repercusiones en Alemania en 1931. Por ende, el liberalismo murió en aquella época, en el sentido de que acarreó profundos desequilibrios internacionales: guerras y crisis que desembocaron en dictaduras. La escuela keynesiana pasó entonces a primer plano, otorgando al Estado un papel esencial. Éste debía regular la economía para limitar el riesgo de crisis. Al lanzar grandes políticas de obras públicas, como en los años treinta, o después de la Segunda Guerra Mundial para reconstruir Europa, se convirtió en el actor ineludible del capitalismo. Por cierto, lo mismo ocurrió con las otras formas de capitalismo mencionadas en el primer capítulo. El Estado reprimió la revolución política iniciada en Rusia en 1917 y se apropió de los medios de producción. También dirigió las economías de los países fascistas y nazis.

El keynesianismo fue, pues, una respuesta al liberalismo. A partir de los años 1980 del siglo 20, como vimos en el Capítulo II, éste respondía cada vez menos a las expectativas de los gobiernos. El neoliberalismo surgió entonces como una pseudorespuesta al keynesianismo. Una pseudorespuesta, en la medida en que la crisis de 2007-2008 demostró que el liberalismo está agonizando y acentúa los desequilibrios existentes. Aunque afirma desconfiar del Estado, necesita de su poder para hacer prevalecer sus intereses y crear nuevos mercados, sean los que sean y estén donde estén.

Un sistema mortífero que hay que superar

Los economistas tradicionales razonan en el marco de un sistema agónico y en profundo declive. Son incapaces de pensar en su superación, ni siquiera de imaginarla, y son incapaces de abstraerse de él en el sentido de que se niegan a comprender que una sociedad verdaderamente humana es posible, que el sistema actual es portador de formidables capacidades productivas, que podrían, en un nuevo contexto, desarrollarse mucho más y ello para reducir drásticamente el tiempo dedicado al trabajo productivo y permitir una vida digna de ese nombre. La oligarquía que impone la explotación implacable de la humanidad y de la naturaleza excluye de entrada la posibilidad de esta nueva organización social subyacente, que respondería a las necesidades del mayor número posible de personas. Una de las características del género humano sería precisamente su capacidad para captar lo que no es aparente a primera vista, lo que es subyacente, para imaginar lo que está, por así decirlo, al otro lado de la montaña[121], lo que no podemos ver pero sí intuir. Obviamente, los economistas convencionales carecen de esta capacidad.

No sólo manifiestan una ceguera deliberada, sino que su posición pone también de manifiesto el estado de corrupción, tanto moral como material, en el que se encuentran. Para ellos, la economía, y por tanto también la organización social que de ella se deriva, sólo pueden ser llevadas por los mercados, lo que les permite menospreciar las demás ciencias sociales. Esta casta de mojigatos no tiene ninguna intención de cuestionar este sistema de mercantilización generalizada, ya que lo consideran algo natural y viven además muy bien de él. Glorifican la carrera por la productividad, que de hecho socava la existencia. Reducen al Hombre a un *homo economicus* racional y calculador a la vez, y descuidan su dimensión social y humana.

Está claro que a estos guardianes del templo no les interesa un autor como Keynes, que en su *Carta a nuestros nietos*[122] de 1930 concebía la sociedad de mercado como un régimen de transición que, a largo plazo, nos permitiría pasar de la escasez a la abundancia. Sus previsiones para 2030 apuntaban a un aumento significativo del nivel de vida, que se multiplicaría por un factor de entre cuatro y ocho en cien años. De este modo, la humanidad podría resolver sus

---

121   Sternstunde Folosofía con Boris Cyrulnik sobre el tema *Traumatismo y resiliencia*, SRF, 21.05.2023, minutos 31 a 35.

122   *Economic Possibilities for our Grandchildren (Posibilidades económicas para nuestros nietos)*, John Maynard Keynes (1930), in Essays in Persuasion, New York: Harcourt Brace, 1932.

problemas económicos, o estar en vías de hacerlo, para así disfrutar por fin de un modo de vida armonioso. La lucha por la subsistencia debía desvanecerse y el amor al dinero, como fin en sí mismo, debía considerarse entonces como una mórbida propensión, o "disgusting morbidity", por emplear sus propios términos. Se suponía que el progreso tecnológico permitiría reducir el tiempo de trabajo a unas tres horas diarias, más que suficiente para cubrir las necesidades del género humano. En su opinión, estos cambios se producirían gradualmente, a medida que sectores cada vez más amplios de la población se viesen liberados de las limitaciones económicas. El tiempo disponible se dedicaría a la socialización y la economía pasaría a un segundo plano. En algunos aspectos, su visión recuerda a la de teóricos socialistas como Eduard Bernstein[123], que, a principios del siglo XX, fueron calificados de revisionistas (en relación con la teoría revolucionaria de Karl Marx) y reformistas, en la medida en que creían que el crecimiento y la evolución positiva del capitalismo permitirían su transición a una sociedad socialista, sin clases pues, de forma evolutiva por medio de la democracia parlamentaria[124].

Lo que se desprende del análisis de Keynes es precisamente que es dinámico; que un determinado sistema económico no es el fin de la historia, sino que lleva consigo su superación, algo que se les

---

123   *Karl Marx y la reforma social, el socialismo como fruto maduro del liberalismo*, Eduard Bernstein, Editorial Página Indómita, Colección ensayo, 2018.

124   La mayoría de los reformistas de principios del siglo XX, tan vilipendiados por revolucionarios como Rosa Luxemburgo (véase su libro *Reforma o Revolución*), pasarían hoy por energúmenos extremadamente subversivos, a los ojos de los dirigentes « socialistas » actuales. La política de éstos, ya alejada de la de Léon Blum, se sitúa a las antípodas de la un socialista, incluso reformista, como Jean Jaurès, quien se opuso con fuerza y de forma tajante a los preparativos de la primera guerra mundial y a la propaganda nacionalista de entonces.

escapa manifiestamente a los economistas tradicionales, a quienes insta a ser más humildes y competentes.

En cuanto a sus previsiones para 2030, lo notable es que dependían de la inexistencia de un segundo gran conflicto internacional (del mismo modo que las previsiones de Eduard Bernstein dependían de la inexistencia de crisis económicas catastróficas), lo que desgraciadamente no fue el caso debido a la Segunda Guerra Mundial y a los conflictos recurrentes, tanto de baja como de alta intensidad. La reducción significativa del tiempo de trabajo productivo estaba vinculada, entre otras cosas, a su adecuado reparto entre la población, lo que no es para nada el caso. En cuanto a las necesidades que acabarían por satisfacerse, el capitalismo crea continuamente otras nuevas, más virtuales que reales, que se satisfacen con baratijas. El crecimiento así inducido es esencial para el sistema, pero en última instancia perjudicial para la gente corriente. Esto reafirma el antagonismo entre crecimiento y desarrollo mencionado en el capítulo 2.

La "ciencia" económica actual descuida su propia historia[125]. Congelada en conceptos inapropiados, no es más que una sombra de lo que fue. Se comporta como una religión -o incluso una secta- disfrazada de ciencia. Los que se atreven a refutar sus dogmas son excomulgados. Los demás, reconocidos por sus pares, intentan llevar una vida tranquilita, cobrando comisiones y fichas de las finanzas de casino.

De hecho, en muchas facultades de economía prevalece una cierta mentalidad. El reconocimiento académico suele estar vinculado a que los cargos puedan ser patrocinados y que las investigaciones

---

125   Las clases de historia de la economía son cada vez más escasas en los planes de estudios obligatorios para los estudiantes en este campo. Los grandes nombres del pasado son fundamentalmente obviados, no reconociéndose su pertinencia. Focalizarse en las publicaciones "científicas" más recientes es la norma.

sean financiadas por grandes instituciones financieras o conglomerados industriales. O sea que las críticas fundamentales a la economía convencional y a sus evidentes disfuncionamientos no tienen cabida en las revistas "científicas" en las que se supone que los docentes en cuestión publican sus trabajos. Sus objeciones, si es que existen, deben seguir siendo marginales y comedidas. Decir obviedades o marear la perdiz es una forma de mejorar su propia imagen y hacer como si nada.

El corolario de esta degradación académica es la existencia de un segundo grupo dentro del cuerpo docente, además del que se beneficia de la generosidad de los patrocinadores: los que aspiran a sacar provecho de ella. ¡Tranquilos, la libertad de cátedra está garantizada ya que existen comités encargados de velar por ella! Así pues, se respetan las reglas del arte. Nos ofrecen así un espectáculo de puterío artístico de alto nivel. Su carácter indigno no parece escandalizar a casi nadie. Para concretizar esta crítica, daré dos ejemplos de corrupción.

Uber Files

En el verano de 2022, los Uber Files revelaron que algunos profesores de finanzas o de economía, conocidos en sus respectivos países, Francia y Alemania, habían escrito informes encargados por Uber en 2016, ensalzando los méritos de dicha compañía supuestamente deseosa de romper el aislamiento de los suburbios o de aumentar la productividad. En los medios de comunicación, entre ellos *Le Monde*[126] , aparecieron los nombres de Augustin Landier,

---

126 *Uber Files: economistas pagados por Uber para respaldar la argumentación de los VTC - El grupo americano ha pagado expertos, como los economistas franceses Nicolas Bouzou y Augustin Landier, para que realizaran estudios a la medida y los defendieran en los medios,* Le Monde, 10.07.2022.

profesor en *HEC París* y ganador del premio al „Mejor Economista Joven" en 2014, y David Thesmar, que tras ser también profesor en HEC, pasó a serlo en la *MIT Sloan School of Management* a partir de septiembre de 2016. Según el diario, se repartieron una cantidad de 100.000 euros. También aparece mencionado el economista Nicolas Bouzou, fundador de la consultoría Asterès. Habría recibido 10.000 euros. Hacer hincapié en los salarios de 20 euros la hora que cobran los conductores, obviando además los gastos de seguro y gasolina, cuando dichos autores habrían cobrado entre 10.000 y 50.000 euros cada uno por su trabajo de lobbying, es cuanto menos escandaloso... y desde luego conlleva una buena dosis de cinismo. Por lo general, tratan de fomentar la uberización de la economía, es decir, en realidad, la precarización acelerada de las condiciones de trabajo.

El mundo universitario de economía y finanzas, discreto por excelencia, desempeña un papel esencial en la defensa de intereses muy concretos. Recibir complementos salariales de las grandes instituciones, o al menos la esperanza de poder recibirlos es, por supuesto, un buen aliciente. He aquí un segundo ejemplo mencionado en la prensa. Según *Le Monde Diplomatique* de mayo de 2011[127], antes de la crisis financiera de 2008, dos famosos profesores, Frederic Mishkin, de la *Columbia Business School*, y Richard Portes, de la *London Business School*, habrían percibido jugosas remuneraciones por aparecer como autores de informes que ensalzaban las virtudes del sector financiero islandés. Ya se sabe lo que sucedió: los tres principales bancos del país quebraron en cuestión de días en 2008.

---

127 *Quand le peuple islandais vote contre les banquiers*, Le Monde Diplomatique, Silla Sigurgeirsdóttir y Robert Wade, mayo de 2011.

Las facultades de Economía y las Escuelas de Negocios con sus departamentos de Finanzas, donde muchos impostores disfrazados de científicos se dan en espectáculo, constituirían el escenario perfecto para una versión moderna del *Tartufo* de Molière.

El árbol que no deja ver el bosque

Estos ejemplos difundidos en los medios son sólo el árbol que no deja ver el bosque. Ponen de relieve un fenómeno de corrupción generalizada en el seno del mundo académico. Para entender y situar mejor este fenómeno, cabe remontarnos varias décadas atrás para constatar que los primeros departamentos totalmente dedicados a las finanzas se crearon en los años ochenta y noventa. Antes, los pocos profesores activos en estos campos formaban parte de los departamentos de economía o gestión. Era la época en la que el neoliberalismo, con sus oleadas de desregulaciones y privatizaciones, empezó a desempeñar un papel dominante. Los profesores con una formación clásica en economía o gestión no podían responder plenamente a las nuevas preguntas que se planteaban de ahora en adelante las instituciones financieras. Se trataba de cambiar, sí o sí, su *business model*, como lo hemos mencionado con el ejemplo de Credit Suisse. La tarea tradicional de los bancos, que consiste en generar beneficios a partir de la diferencia entre los tipos de interés prestamistas y prestatarios, es una actividad lenta, por no decir aburrida, para las nuevas generaciones de banqueros. Las olas de desregulaciones y de privatizaciones, por un lado, y los progresos en informática, por otro, han permitido que emergieran otras actividades que son fuente de grandes y rápidos beneficios. La gestión de fusiones y adquisiciones así como el desarrollo de enormes salas de trading, donde se negociaban acciones, obligaciones y derivados, dieron lugar a las finanzas corporativas y a las de mercado, respectivamente. En el caso de las finanzas corporativas, la creación de enormes conglomerados permite a los equipos directivos que los lideran enriquecerse considerablemente. El aumento desmesurado de sus ingresos se ve justificado por el tamaño de la nueva entidad que van a dirigir. Este aumento se produce también con los directivos de bancos, así como con los especialistas en fusiones y adquisiciones, los abogados y los financieros implicados. En particular, estos directivos reciben *stock-options* -opciones sobre acciones-. Se trata de un producto derivado, es decir, un contrato que les da derecho a comprar un gran volumen de acciones de la empresa que dirigen en una fecha determinada, a un precio moderado. Cuanto mayor sea la cotización en bolsa o mayores sean los riesgos incurridos, mayor será el beneficio que obtengan.

En el segundo caso, una formación inicial en matemáticas, física o informática resultaba a menudo más útil que una carrera en economía. La explosión del volumen de derivados, en particular sobre las acciones, forma parte precisamente de la financiarización y la digitalización. Su gigantesco volumen, comparado con los PIB nacionales, da una idea de la enorme influencia de las finanzas sobre la economía.

Además, visualizar sus precios en tiempo real requiere una herramienta informática adecuada. Estos valores se determinan en base a unas suposiciones cuanto menos dudosas, según las cuales los mercados financieros serían perfectos, eficaces, no manipulables y una cuestión de azar, en lugar de un equilibrio entre la oferta y la demanda. Cuanto mayores son los riesgos, la incertidumbre y los desequilibrios financieros de todo tipo, más altos son los precios de estos derivados. Por el contrario, unos mercados financieros tranquilos y relativamente previsibles reducirían considerablemente su valor. Estos instrumentos transforman el riesgo asociado a los movimientos erráticos de las acciones y otros activos en dinero contante y sonante para el sector financiero[128]. Esta alquimia debilita a la gente de a pie, y aumenta su precariedad.

En resumen, el auge de la informática, la dinámica de las finanzas de casino que impera en la economía, las herramientas jurídicas que permiten elaborar contratos financieros, relacionados con las fusiones y adquisiciones y también con los derivados, para optimizar los beneficios de los grandes bancos y de los fondos especulativos que los emiten, son las características que permiten al sector financiero captar una parte creciente de la plusvalía extraída en otros sectores de actividad y anteriormente tematizada.

---

128   De hecho existe un índice bursátil, el VIX (Volatility Index), cotizado en Chicago, que permite apostar por estos riesgos y llegado el caso cobrar cantidades enormes. Este "indicador del miedo", como lo suelen llamar, es un avatar suplementario de las finanzas de casino.

Según Karl Marx, la economía capitalista se enfrenta a una baja tendencial de su tasa de ganancia[129], fenómeno que la financiarización de la economía puede contrarrestar momentáneamente. Las finanzas atraen a los inversores porque sus tasas de ganancias son generalmente más elevadas que las de muchas ramas de la industria, exceptuando principalmente la de las tecnologías de la información, de cuyo casi monopolio se aprovechan los GAFAM, y, por supuesto, la de la producción de armas, mencionadas en este libro. Suelen alardearse de un rendimiento de los "capitales propios"[130] del 15% o más, muy superior al crecimiento económico. Para los grandes bancos, cuanto mayores son sus deudas, mayor es este rendimiento.

---

129   Como el progreso técnico tiende a implicar la sustitución del trabajo asalariado por medios de producción como máquinas, robots, programas informáticos, etc., la proporción de capital utilizado para adquirir estos últimos aumenta en relación con la utilizada para pagar los salarios. Como la plusvalía procede precisamente de la explotación del trabajo asalariado, de la venta de la fuerza de trabajo, por quienes sólo disponen de ella para sobrevivir, la tasa de ganancia tendría tendencia a disminuir. Cito a Karl Marx, en el Libro III de El Capital: "La esencia de la producción capitalista es provocar, mediante su desarrollo progresivo, una transformación de la tasa de plusvalía en tasas de ganancia cada vez más pequeñas. Puesto que la importancia del trabajo vivo disminuye continuamente en relación con el trabajo materializado (medios de producción) que emplea, es evidente que la cantidad de trabajo vivo no remunerado, la cantidad de plusvalía, debe disminuir continuamente en relación con el capital total. Siendo la relación entre la plusvalía y el capital total la expresión de la tasa de ganancia, ésta debe, por tanto, disminuir progresivamente".

130   La rentabilidad de los «capitales propios» de una empresa se obtiene dividiendo los beneficios obtenidos por los capitales invertidos por los accionistas.

Como los contribuyentes asumen su riesgo de impago, endeudarse les resulta relativamente barato, y sus directivos privilegian una aportación mínima de capitales propios, del orden del 5% del tamaño del balance, o incluso menos.

En general, dado el papel dominante que desempeña el sector financiero en la economía, la elevada rentabilidad de los llamados capitales propios contrarresta temporalmente la baja tendencial de la tasa de ganancia, a costa de graves desequilibrios. Pues la mayoría de los grandes bancos estarían ya en quiebra si los contribuyentes no cubrieran el riesgo de impago asociado a sus enormes deudas, favoreciendo que amplios sectores de la población vivan en la pobreza y la precariedad. De esta forma, las finanzas de casino se han desarrollado rápidamente, succionando capitales procedentes de los llamados sectores productivos y transformándolos en jugadas para sus apuestas desmesuradas o en garantías para sus turbias operaciones.

Los grandes bancos han adquirido una dimensión internacional y se han convertido en sistémicos. Esto significa que corren riesgos desmesurados, todo y beneficiándose de las ayudas del Estado en caso de pérdidas importantes, todo ello, claro está, en nombre del liberalismo. Por lo tanto, era necesario para ellos crear desde cero un cuerpo de profesores para formar a los futuros especialistas en estas dos ramas, y no sólo en economía en su sentido más amplio. Los costes de estas formaciones, que en un principio corrían a cargo del sector privado, en particular de las *business schools* (escuelas de negocios), en muchos casos se socializaron, ya que pasaron a correr a cargo de los contribuyentes, en el ámbito universitario. Así es como, por ejemplo, los fondos públicos se utilizan ahora para formar el futuro *management* de fondos especulativos, cuyo objetivo principal es permitir a individuos que ya son extremadamente ricos hacerse aún más ricos. Un mínimo de decencia dictaría que esos costes fueran sufragados por esas estructuras privadas.

Mercenarios de cuello blanco y pseudociencia

Al fomentar la creación de este cuerpo docente, los grandes bancos también pretendían vestirse, llegado el caso, con los atuendos de la ciencia. Por ejemplo, les resulta especialmente útil poder justificar „científicamente" las extravagantes retribuciones de los directivos de dichas instituciones, basándose en publicaciones „científicas", sobre todo si sus resultados son catastróficos. Disponer de batallones de mercenarios académicos que se pronuncian públicamente a favor de esas instituciones, o disponer al menos de lacayos serviles que prefieran callar, se convirtió en una herramienta estratégica frente a quienes se atreven a criticar esas desmedidas remuneraciones y, por lo general, las derivas de las finanzas de casino. Esta corrupción académica, pasiva o activa, es repugnante y tóxica a la vez. Si se quiere preservar la propia salud resulta primordial protegerse de ella manteniendo las distancias con los profesores implicados.

Nos encontramos, pues, en las antípodas del concepto de la Universidad de Wilhelm von Humboldt (1767-1835), asociado al espíritu de la Ilustración, que promueve un enfoque científico independiente de intereses económicos ajenos a sus fines, y que permite a los estudiantes adquirir las competencias indispensables en las diferentes materias y la capacidad de análisis necesarias para desarrollar el espíritu crítico.

En su lugar, nos topamos con otro tipo de modelo, barato para las empresas o fundaciones que lo promueven. Al no correr con los costes de enseñanza y gestión, su financiación se limita a complementos salariales pagados a determinados profesores, y ello además con escasa transparencia. La enseñanza y la investigación se orientan así en una dirección que responde a ciertos intereses privados, y el logotipo del donador figura a menudo en diplomas cuyo coste corre a cargo de los contribuyentes. La Universidad se ve abocada a prestar atención a los representantes del sector financiero y a orientar su investigación en función del agenda de dichos representantes. Ya no hay lugar para el pensamiento crítico. Éste se ve suplantado por la capacidad de reproducir competencias técnicas que, por cierto, necesitarían actualizarse, ya que no tienen en cuenta los desequilibrios e inestabilidades permanentes del sistema financiero y sus repercusiones sociales. Los conflictos de intereses y el silencio de quienes se benefician de ciertas generosas ventajas son inherentes a este tipo de estructura. El formateo de mentes resultante es incompatible con la libertad académica.

En muchas universidades públicas, en España y en otros países, los catedráticos de economía/finanzas ya cobran salarios fijos, bastante elevados. Por tanto, tendría sentido que, en vez de centrar su actividad docente y sus investigaciones en las necesidades del sector financiero, estudiaran sus derivas y propusieran soluciones para promover el bien común y los intereses de la gran mayoría. Por consiguiente, lo que está en el orden del día es el análisis crítico del poder exorbitante alcanzado por este sector y el de la uberización de la economía. Se trata de deconstruir la economía que, como señalamos en la introducción, no sólo es incapaz de garantizar la buena gestión del hogar común de la humanidad, sino que además lo está saqueando. Es cuestión de reconstruir un hogar que respete al Hombre, en lugar de reducirlo a un mero factor, totalmente esclavizado, para la producción, el consumo y, eventualmente la destrucción, en caso de conflicto.

La corrupción académica no se limita únicamente a su dimensión financiera. Va de la mano de una degradación moral de los individuos implicados, y de un envilecimiento, en su sentido más amplio, de una gran parte del profesorado de economía. Se movilizan las mentes, o lo que queda de ellas. Los mercenarios de cuello blanco necesitan dotarse de las herramientas académicas requeridas para poder transmitirlas adecuadamente a los estudiantes de este campo y poder desempeñar sus tareas al servicio del sector financiero, la gran industria y la mercantilización generalizada tanto de las relaciones humanas como las relaciones con la naturaleza en general. Resultaría aburrido repasar la lista de los conceptos inadecuados y pseudocientíficos, con sus engañosas justificaciones, que difunden estos falsarios. Centrémonos en los más conocidos.

"Cada vez más" sería sinónimo de "cada vez mejor". El crecimiento del PIB, ya mencionado en la introducción, sería así la clave de los problemas económicos, sociales e incluso medioambientales. Resulta absurdo focalizarse con satisfacción en la producción anual de bienes y servicios e ignorar las inconmensurables destrucciones provocadas por el sistema depredador que es el capitalismo. El crecimiento de las fuerzas productivas va de la mano del crecimiento de las fuerzas destructivas desatadas. Utilizar una misma medida que equipara, por ejemplo, la producción de tomates con la producción de pesticidas peligrosos, la construcción de casas con la construcción de bombas atómicas, revela la incapacidad de este sistema para comprender y respetar a los seres vivos, y está a la altura de su desvarío. Basarse en este tipo de medida es inadecuado para resolver los problemas sociales y medioambientales a los que nos enfrentamos. Ni el crecimiento ni el decrecimiento económico pueden ser objetivos a alcanzar.

La modelización de mercados supuestamente en equilibrio sería adecuada para representar y comprender la economía y los mercados financieros y, llegado el caso, para hacer previsiones. La utilización de un concepto clave de la física, el equilibrio, permite a los partidarios de la economía tradicional presumir de un enfoque científico y despreciar las críticas. Sin embargo, parece obvio que nuestra vida de todos los días se caracteriza al contrario por crisis casi permanentes y profundos desequilibrios económicos y sociales, de los cuales se aprovechan los actores de las finanzas de casino. Este tipo de situación caótica es lo que se debería analizar.

Por lo visto, los mercados financieros serían neutrales y no representarían los intereses de ningún grupo en particular. Permitir que el capital y los riesgos se asignen eficazmente a quienes se supone que los gestionan mejor, incluso favorecería el bien común. Es más, estos mercados se regirían por las leyes del azar, lo que descartaría la posibilidad de predecir posibles tendencias y, por tanto, imposibilitaría el poder beneficiarse de ellas. Precisamente, el azar, la dinámica aleatoria de los mercados y su modelización, serían respectivamente el factor clave a considerar y la herramienta conceptual a utilizar, para explicar las enormes ganancias de algunos actores y las pérdidas de muchos otros en estos mercados. ¿Quién puede creerse todavía toda esta maraña ideológica? El azar no nos ayuda a comprender las causas profundas de estas formas de reparto; incluso las niega. Recurrir a él da a los poderosos de este mundo la oportunidad de justificar una estructura jerárquica de ganadores afortunados y perdedores desafortunados. Se ignora así que estos mercados, que son en realidad la alfombra verde de las finanzas de casino, son manipulados a gran escala por unas instituciones poderosas para acelerar la concentración de la riqueza en las manos de la oligarchia.

La protección de la naturaleza y la sostenibilidad de la economía estarían garantizadas por el progreso tecnológico, que supuestamente permitiría el llamado crecimiento verde, y por la creación de mercados, como el de los derechos de emisión de CO_2 equivalente. La posesión de derechos de destrucción de la naturaleza, o de contaminación de todo tipo, sería la solución. Proponerse compensar esta degradación mediante la compra de permisos nos retrotrae a las indulgencias vendidas en la Edad Media por la Iglesia católica romana, que supuestamente permitían a sus compradores redimir sus almas y acceder al paraíso, llegado el momento. Si algo tienen en común este tráfico de antaño y los mercados actuales es que ambos permiten a quienes los organizan enriquecerse de forma descarada.

La lucha contra el calentamiento global y la pérdida de biodiversidad no implicaría, por tanto, ningún cuestionamiento del orden establecido ni de los modos de vida con una huella ecológica desproporcionada. Pero por lo contrario, no puede llevarse a cabo sin enfrentarse a la injusticia social que sufrimos, caracterizada por desigualdades desmesuradas entre una mayoría de la población mundial que vive en condiciones precarias, cuando no de pobreza absoluta, y una casta de oligarcas, amos del mundo, que contamina, destruye y acumula todo tipo de riquezas a su antojo.

La economía de mercado sería, en última instancia, sinónimo de democracia, paz y prosperidad gracias al comercio internacional que genera. En realidad, conduce a una concentración extrema de poder y recursos, a regímenes dictatoriales y a un sinfín de guerras.

La teoría económica, y su rama financiera, se encuentran en un estado lamentable, dada su incapacidad para cuestionarse a sí mismas y para pensar más allá de un sistema moribundo, que por el contrario tratan de justificar y mantener.

Finalizando este capítulo, me resulta tentador parafrasear de nuevo a Patrick Süskind, cuando en su novela *El perfume*[131] describe el hedor que desprendía el género humano en el siglo XVIII, sobre todo en París. Ahora, en el mundo entero, son los Departamentos de Finanzas los que apestan a dinero y autocomplacencia, y las facultades de Economía a suficiencia. Los programas de clase huelen a rancio y los conceptos que se enseñan están en avanzado estado de descomposición.

---

131   *El perfume,* Patrick Süskind, Booket, 2013.

CAPÍTULO 6
Guerra en Ucrania: ¿Concebir lo inconcebible?

La guerra es consustancial al capitalismo, sobre todo en su versión libertaria. La paz ocasional es un paréntesis entre dos conflictos. Las destrucciones de todo tipo, los bombardeos y las masacres de civiles son moneda corriente, al igual que los atentados terroristas[132]. Como ya hemos señalado, la economía convencional se centra, entre otras cosas, en el PIB y su crecimiento, en la producción de un sistema que destruye a gran escala y mucho más de lo que produce. Basta con abrir los ojos para darse cuenta de ello. La guerra de Ucrania es un claro ejemplo de las destrucciones y de los incontables sacrificios humanos que exige el sistema actual.

El ataque llevado a cabo por el ejército ruso en dicho país, y sus consecuencias, por ambas partes, en cuanto a muertos, familias rotas y terribles sufrimientos, son insoportables y estremecedores. Si bien las guerras no han cesado en el mundo desde 1945, incluyendo a la ex-Yugoslavia, hace ya más de 20 años, Europa parecía relativamente librarse de ellas. Sin embargo, desde febrero de 2022,

---

132 Por cierto, cabe señalar que los atentados terroristas del 11 de septiembre de 2001 en Nueva York, permitieron a algunos de los que habrían sido informados con antelación cosechar cuantiosos beneficios. Así pues, mercados de opciones han sido utilizados para eventuales conflictos de iniciados. Véase el artículo académico: *Detecting Abnormal Trading Activities in Option Markets,* Marc Chesney, Remo Crameri, Loriano Mancini, Journal of Empirical Finance, 2015, en particular en la sección «Empirical results» y en el anexo, de la pàgina 17 a la 21. Véase también: *9/11 Terror Trading 15 years later* - Marc Chesney interviewed by Lars Schall, YouTube, septiembre de 2016, así como *Denken wie der Feind - 20 Jahre Ausnahmezustand 9/11 und die Geopolitik des Terrors,* tomos 1 y 2, Lars Schall, Books on Demand, 2021.

este continente se enfrenta de nuevo al espectro de la guerra, tras haber sido el escenario inicial de dos conflictos mundiales. Al fin y al cabo, los acuerdos de Minsk de 2014 no fueron sino un engaño. No permitieron para nada resolver los problemas subyacentes, que se fueron agravando con el tiempo y acabaron desembocando en un conflicto de mayor gravedad[133].

¿Quién está dispuesto a morir por el Dombás o por Crimea? ¿Quién?[134]

Dado que ninguno de los gobiernos supuestamente democráticos se digna a plantear a las poblaciones afectadas la cuestión de su posible sacrificio en defensa del Dombás o de Crimea, todos y cada uno de nosotros deberíamos hacernos esta pregunta en nuestro fuero interno. Quienes empujan a la guerra, en nombre de un derecho que tendrían los países a defenderse, deberían pensar detenidamente en las consecuencias de este conflicto para ellos mismos, sus familias y sus seres queridos. Por el contrario, deben hacerse oír quienes se oponen a ella y anteponen el derecho a vivir y a ser respetados. Sin la más mínima consulta democrática, nos arrastran a todos en un camino muy peligroso, incluso apocalíptico. Un puñado de individuos, en este caso, unos siniestros ministros, generales, productores de armas y financieros, reunidos en Ramstein, Davos o cualquier otro lugar, deciden jugarse al póquer

---

133   Véase la entrevista de la excanciller alemana, Angela Merkel, en la revista *Die Zeit*, del 7 de diciembre de 2022.

134   Véase el artículo publicado por el periódico *Le Temps*, Marc Chesney, el 30.01.2023 y en versión castellana en su sitio web: *¿Quién está dispuesto a morir por el Dombás o por Crimea? ¿Quién?.*

la vida de millones o miles de millones de personas apostando, por ejemplo, por cómo reaccionaría Vladimir Putin respecto a la decisión de entregar tanques pesados o misiles de largo alcance a Ucrania. Algunos "comentaristas autorizados" han afirmado que reaccionaría de forma racional, otros, a veces los mismos, pero con retraso, que resulta difícil de predecir. "Responsables" políticos como Emmanuel Macron han dicho que las entregas de armas pesadas no convertían a su país en un cobeligerante, y luego en marzo de 2024 que no había "ningún límite, ninguna línea roja" [sic] para Francia en su apoyo a Ucrania contra Rusia. Desde luego, no se pone límites o líneas rojas en cuanto a ceguera y despropósitos. El 24 de enero de 2023, Annalena Baerbock, miembro del Partido Verde y ministra alemana de Asuntos Exteriores, consideró oportuno anunciar ante el Consejo de Europa que "estamos librando una guerra contra Rusia...". El canciller Scholz, por su parte, declaró al día siguiente ante el Parlamento de Berlín que, en lo que respecta a la entrega de tanques Leopard 2 y por lo general de armamento pesado a Ucrania, "nadie puede determinar en qué consiste una buena o una mala decisión".

En definitiva, reina la confusión. Sin embargo, quienes juegan al póquer con la vida de poblaciones enteras deberían, si no lo ven claro, abstenerse de tomar decisiones tan sumamente graves. Estas decisiones alimentan la dinámica de guerra, tanto más cuanto que estos tanques pueden ir armados con proyectiles perforantes con ojivas de uranio empobrecido y misiles de largo alcance, que, en caso de ser disparados, Rusia podría considerar como bombas nucleares sucias lanzadas contra su territorio. Suponiendo que la OTAN no suministre estos proyectiles, el gobierno ucraniano puede hacerse con ellos en el mercado negro para atacar centros de mando o núcleos urbanos en territorio ruso.

¿Se les ha ido la cabeza a los "responsables" occidentales o aún conservan una pizca de sentido común para darse cuenta de la irresponsabilidad de sus decisiones? Éstos son a menudo ideólogos radicales sobre los que no hace mella el recuerdo del sufrimiento causado por la Segunda Guerra Mundial. Tienen acceso a espaciosos refugios antinucleares y obviamente no les parece pertinente considerar los riesgos y sufrimientos provocados por el conflicto actual. Lo ven como una buena ocasión tanto estratégica como financiera, y por lo tanto el hecho de acabar con él no está en su agenda. Por cierto, resulta preocupante constatar que en España, como en la mayoría de los países afectados, las autoridades responsables en materia de protección de la población no informan sobre la ubicación de los refugios habilitados.

Por unos cuantos panzers más

En cuanto a las entregas de carros de combate Leopard 2, cada gobierno ha ido echando leña al fuego en 2023. En un principio, Dinamarca, los Estados Bálticos y España se propusieron entregar unas pocas unidades, Alemania 14 y Polonia 14. ¿Quién quiere incrementar la puja en la gran subasta internacional organizada por la OTAN? El siguiente paso consistió en preparar a la opinión pública occidental para la entrega de aviones de combate, que mientras tanto se hizo realidad, y para posibilitar que las fuerzas armadas ucranias puedan golpear el territorio ruso en profundidad. ¿Qué pasa con la legitimidad de los gobiernos que toman decisiones de consecuencias tan trascendentales, sin ninguna consulta democrática, y que se muestran incapaces de garantizar un mínimo de seguridad a sus poblaciones? Como mostramos en el primer capítulo, el contrato social está roto, y lo está desde hace mucho tiempo ya. El actual sistema depredador trata al común de los mortales como factores de producción, que se transforman, en caso de guerra, en factores de destrucción, para ser ellos mismos destruidos si es preciso. Al mercantilizar al extremo las relaciones humanas y ponerlas en competencia permanente, este sistema crea conflictos constantes, sufrimiento y genera el caos. Su debacle es absoluta, moral, social y económicamente. Es hora de pasar página, para evitar ser arrastrados con él en su caída. Como dijo Jean Jaurès en un discurso ante la Cámara de Diputados el 7 de marzo de 1895, "El capitalismo lleva en su esencia la guerra como los nubarrones llevan la tormenta".

Las reacciones opuestas a estas tendencias bélicas son demasiado escasas. La precariedad y el bombardeo mediático tienden a conformar una población maleable y sujeta a la servidumbre. Los flujos ininterrumpidos de noticias insignificantes sobre, por ejemplo, la futura retirada de Nadal, las confidencias de Messi o Mbappé, las competiciones deportivas de todo tipo, la muerte de la reina de Inglaterra, las memorias anticipadas del príncipe Harry o los relatos sobre cualquier tipo de celebridades parasitarias muy consentidas, sirven para desviar la atención y contribuyen al lavado de cerebro de la población.

A su vez, se está vertiendo a torrente propaganda de guerra por todos los canales mediáticos imaginables. ¿Cómo puede concebirse, aunque sea por un momento, que se justifique el hecho de poner en peligro la existencia de poblaciones enteras para que el Dombás sea ucraniano o ruso? La supuesta guerra justa no es justo una guerra, un conflicto mortal e insoportable[135] que conlleva enormes riesgos

---

135   Véase el reportaje de la televisión japonesa NHK World elaborado en base a unos vídeos realizados por soldados ucranianos con sus smartphones, y publicados en línea el 14.4.2024.

para el género humano. Quienes se oponen a ella a ambos lados del telón de fuego y quieren promover la vida deben hacer oír su voz organizando manifestaciones, huelgas, en particular en las fábricas que producen esas armas y en las empresas que las transportan, y si es preciso, negándose a combatir, es decir, desertando. No puede ser una opción permanecer con el rebaño de ovejas que conducen al matadero.

El mundo contempla el abismo

Las amenazas nucleares proferidas por Vladimir Putin ya en 2022 y también en noviembre de 2024, nos atañen a todos. El mundo contempla el abismo y por ende nos induce a pensar lo impensable, y luego a decir lo indecible: considerar sencillamente lo que de entrada cualquier ser humano digno de ese nombre tendría que rechazar, una guerra nuclear que desembocaría de hecho en la desaparición de cualquier forma de vida en la Tierra. Sentimos realmente pavor y no podemos sino titubear. Tomarse estas amenazas a la ligera resulta irresponsable y peligroso. No se trata aquí de videojuegos, sino del porvenir del género humano.

Por cierto, la tensión ya era palpable en febrero de 2022. Si bien los medios de comunicación nos atiborran de no-eventos, nunca analizan realmente los peligros de la situación actual ni las provocaciones de los beligerantes de los bandos opuestos entre ellos. Los objetivos de comunicación del poder en este ámbito consisten en no informar a las poblaciones, desviar su atención para que no tengan tiempo de reaccionar antes de ser sacrificadas en el altar de una eventual guerra mundial, asegurarse de que se unen al bando occidental, que no es menos destructivo que el oriental y generar confusión.

Estados Unidos lanza regularmente misiles intercontinentales para, según su propaganda, "demostrar que sus fuerzas nucleares están listas". ¡Qué alivio! Según un comunicado de prensa de la Fuerza Aérea de Estados Unidos, que, sea dicho de paso, tuvo una escasa cobertura mediática, este país disparó un misil balístico intercontinental Minuteman III no armado, el 7 de septiembre de 2022, desde un silo de la base de la Fuerza Espacial de Vandenberg, en California, a las 01:13 hora local. Este misil recorrió unos 6.760 km sobre el Pacífico antes de estrellarse en el mar, cerca de las Islas Marshall. Un año más tarde, el 6 de septiembre de 2023 a las 01.26, se disparó un misil similar desde la misma base, con un alcance de unos 13.000 kilómetros. Desde 1944, cuando la Alemania nazi lanzó misiles V2 sobre Inglaterra y Bélgica, con un alcance de 300 kilómetros y una carga explosiva de 800 kilos, el espacio ha estado permanentemente militarizado en beneficio de la industria de la muerte. Cuando estos macabros artefactos alcancen los 40.000 kilómetros, podrán incluso llegar a la base desde la que fueron lanzados, tras haber dado la vuelta al mundo. ¡El progreso no tiene freno! Las cabezas nucleares que pueden lanzarse desde un silo tienen un poder destructivo colosal, muy superior al de los misiles disparados desde aviones.

Una prueba similar se llevó a cabo el 16 de agosto de 2022, poco después de la visita a Taiwán de la presidenta de la Cámara de Representantes, Nancy Pelosi, lo que echó más leña al fuego en lo que respecta a las relaciones sino-estadounidenses.

Cabe señalar que unos días después de esta visita, el 11 de agosto, el "North American Aerospace Defense Command" (NORAD) -Mando Norteamericano de Defensa Aeroespacial- anunció que había seguido la pista de tres aviones de vigilancia rusos, que habían estado operando en la "Alaskan Air Defense Identification Zone"

(ADIZ) -Zona de Identificación de Defensa Aérea de Alaska- durante los tres días anteriores. Estas aeronaves no sólo penetraron en el espacio aéreo internacional, sino que sobrevolaron Alaska y Canadá. ¿Llevaban misiles nucleares? Aparentemente no, pero no se puede descartar. Fueron escoltadas fuera de los espacios aéreos nacionales tras la intervención de aviones de caza armados, tanto canadienses como estadounidenses. El 11 de septiembre de 2022, dos aviones de reconocimiento entraron en esta zona, cerca de Alaska, una forma, por parte del gobierno ruso, de conmemorar a su manera el aniversario de los atentados terroristas del 11 de septiembre de 2001. También fueron escoltados fuera de esta zona[136]. En términos generales, en lo que respecta a las incursiones aéreas, hemos vuelto, en ambos lados, a una situación comparable a la de la Guerra Fría.

Estas tensiones entre las superpotencias han llevado a Estados Unidos a elevar el nivel de alerta o de preparación de sus fuerzas armadas para una guerra nuclear. En una escala de 5 niveles, pasó del 4 antes de la guerra de Ucrania a alrededor del 2 a finales de 2022. En Europa, a finales de 2024, se situaba a 2. Aumentó ligeramente durante 2023, probablemente debido al mal estado de muchos silos en Rusia, lo que tendía a poner en duda su fiabilidad y capacidad operativa en términos de lanzamientos de misiles balísticos intercontinentales. A título informativo, el quinto nivel corresponde a una preparación normal en tiempo de paz y el primero a una preparación máxima de las fuerzas armadas y, por tanto, a un cuasi-estado de guerra...

136 Véase: *Why Are Russian Spy Planes Probing Close to Alaskan Airspace?*, Marie Hawthorne, The Organic Prepper, 17 de Agosto de 2022 y: *Russia flies reconnaissance aircraft in restricted zone near Alaska, NORAD planes scrambled*, Bill Gertz, The Washington Times, 12 de septiembre de 2022.

¿Cómo hemos podido llegar a la situación de una sociedad en el apogeo de sus capacidades tanto productivas como destructivas, cuyos miembros corren el riesgo de ser triturados por una máquina de la que ellos mismos han sido los engranajes? ¿Cómo hemos podido llegar a la situación de un sistema depredador que se ataca a lo vivo a gran escala, mientras lo utiliza en el marco de su disfuncionamiento cotidiano? ¿Cómo hemos podido llegar a la situación de un sistema que se enorgullece de sus tecnologías, como en el caso de la inteligencia artificial, y que brilla por su trágica pobreza de espíritu, e incluso por su locura tanto mortífera como megalomaníaca?

Poblaciones enteras tomadas como rehenes por políticos extremistas

¿Cuál es el porvenir de una "civilización" cuya supervivencia se basa en el equilibrio del terror, intrínsecamente inestable, como salta a la vista y que depende así o bien de la buena voluntad de una casta que tiene el poder de pulsar varios botones para acabar con todo o bien del autoconvencimiento de que se evitarán los errores de apreciación, o los malentendidos? ¡Hacernos creer que los bomberos pirómanos y los proguerra sólo residen en Moscú es un engaño! Los belicistas y sepultureros de todo tipo están presentes en muchos países. Por cierto, hay que señalar que el enorme gasto militar de Estados Unidos es financiado en parte por otras naciones, por todas aquellas cuyos Bancos Centrales poseen reservas en dólares, invertidas en bonos del Tesoro estadounidense. Los productores de armas de destrucción masiva contratan internacionalmente a muchos científicos para poder llevar a cabo sus actividades y son financiados por grandes bancos que se vanaglorian de ser sostenibles y "éticos". ¡Desde luego, el cinismo no tiene límites! Las bombas atómicas de la OTAN no son menos apocalípticas que las de Rusia. En un conflicto nuclear sólo habría perdedores pero ya se está divulgando la propaganda nacionalista a ambos lados de la línea de fuego, procediendo así a la movilización de las mentes, preparando las poblaciones para futuros sacrificios. Estas son tomadas como rehenes por políticos cada vez más extremistas, que fomentan la lógica del conflicto en lugar de buscar la paz. Quienes corren el riesgo de ser directamente sacrificados, es decir las poblaciones en general, no son consultados. Además, aquellos que toman las decisiones en este ámbito podrán esconderse „¡qué valientes!" en caso de peligro extremo y enviarán a la gente corriente al matadero. Ya son obsoletas las palabras del Primer Ministro británico durante la Primera Guerra Mundial respecto al Jefe de Estado francés y al Ministro de Asuntos Exteriores ruso, cuando afirmó, *"Se puede intuir lo que Poincaré y Sazonov se dijeron: lo importante no es evitar la guerra; es hacer ver que hemos hecho todo lo posible por evitarla"*. En efecto, la mayoría de los políticos actuales ni siquiera se molestan en disimular. Promueven abiertamente la guerra, dándose aires de guerreros, unos aires que son tan peligrosos como ridículos.

Este es un naufragio del que ya daba fe *Roger Martin du Gard* en su novela *Les Thibault*: *"Jamás las fuerzas del poder han hecho que las mentes abdiquen de forma tan completa"* o también «*¡Nunca la humanidad experimentó semejante maleficio, semejante pérdida de la inteligencia!*".

Batallones de lacayos serviles se afanan por mantener a flote un sistema corrupto y moribundo que promueve la mentira en nombre de la verdad, organiza la servidumbre en nombre de la libertad y puede que nos impongan la muerte en nombre de la vida.

En *Los últimos días de la humanidad*, publicado en 1918, Karl Kraus aludía ya a *"aquellos años en los que unos personajes de opereta representaron la tragedia de la humanidad"*. Más de un siglo después, esta frase sigue siendo vigente, visto la multitud de responsables políticos que se ven superados por los acontecimientos que ellos mismos han contribuido a crear. Los contramaestres del pensamiento tienen la sartén por el mango y siguen causando estragos hoy en día, perpetuando la confusión. Según ellos, la expansión de la llamada economía de mercado, precisamente a través de la globalización, del crecimiento del comercio internacional y de la creación de nuevos mercados, debería preservar la paz. La historia demuestra todo lo contrario.

La Primera Guerra Mundial estalló cuando la economía experimentaba su primera globalización. Desde el final de la Guerra Fría, han proliferado los acuerdos de libre comercio al mismo tiempo que progresaba notablemente el comercio mundial, incluido el de las armas y del miedo. Obviamente, la paz no aparece por ninguna parte. En cuanto a las sanciones económicas impuestas a Rusia, que de hecho sufren ante todo las poblaciones, y no sólo en aquel país, ¿hasta qué punto pueden realmente debilitar al régimen establecido? ¿Qué significa el aislamiento de un país de este tamaño, del que Europa solía importar cuantiosas cantidades de energía y que está intensificando su comercio con China? Son preguntas que evidentemente no se plantean ni los dirigentes occidentales ni los medios de comunicación.

Arriesgarse a sacrificar al género humano en el altar de la nación y en nombre de intereses que le son ajenos es criminal. Los doscientos millones que han muerto en las numerosas guerras libradas a lo largo del siglo transcurrido desde 1914, y sus familias, piden cuentas. Citemos de nuevo a Karl Kraus: "*¡Asesinados, socorro! ¡Ayudadme, pues no quiero vivir con hombres que, a causa de una desmesurada ambición, ordenaron que cesen de latir los corazones, hicieron que las madres se hagan mala sangre! ¡Volved! ¡Preguntarles lo que han hecho de vosotros! ¡Lo que han hecho cuando sufríais por culpa suya antes de* *morir por culpa suya! ¡Cadáveres armados, formad filas y atormentad sus sueños! ¡Adelante! ¡Adelante, querido defensor del espíritu, y exígeles tu querida cabeza! ¡Adelante para decirles que nunca más dejarás que te utilicen para ello!"*

Detener la financiación de la producción de armas de destrucción masiva

Para evitar que ocurra lo inconcebible, para garantizar que nunca se utilicen armas atómicas y biológicas, los científicos que contribuyen a su desarrollo y posible activación tienen que negarse a este tipo de actividad en este campo. Es su responsabilidad moral para con el género humano[137].

Hay que identificar y denunciar a las grandes instituciones financieras, que invierten en la producción de armas de destrucción masiva y acabar con estas actividades criminales. Además, el suministro de armas pesadas es algo irresponsable y funesto a la vez. Hay que

---

137   El gran matemático y antimilitarista Alexander Grothendieck abandonó en 1970 el IHES (Institut des Hautes Etudes Scientifiques) porque esta institución "recibía fondos del Ministerio de Defensa, lo que no era compatible con sus convicciones.»... «Junto con otros matemáticos franceses, fundó en 1970 el grupo *Vivre et Survivre*, "Movimiento internacional para la supervivencia de la especie humana", cuyos objetivos, eran "luchar por la supervivencia de la especie humana y de la vida en general, amenazada por el desequilibrio ecológico creado por la sociedad industrial contemporánea [...] además de por los conflictos militares y la amenaza de conflictos nucleares.". Ver *Alexander Grothendieck: una mente maravillosa y una vida fascinante*, Bombai F. Real Academia de Ciencias Exactas, Físicas y Naturales de España, 2023 y el libro: *Récoltes et Semailles - Réflexions et témoignage sur un passé de mathématicien*, Alexander Grothendieck, Gallimard, 2022, o *Cosechas y Siembras - Reflexiones y testimonio sobre un pasado de matemático*.

ponerle fin inmediatamente. En cuanto a la economía de guerra, impulsada por la mayoría de los gobiernos, es menester oponerse a ella antes de que sea demasiado tarde. No crea riqueza, contrariamente a lo que pretende Emmanuel Macron[138], sino que pretende provocar la destrucción, la miseria y, en última instancia, la muerte.

---

138   El 11 de abril 2024, cuando visitó la fábrica de pólvora para municiones de Eurenco en Dordoña (Francia), Emmanuel Macron defendió una economía de guerra que "produce riqueza" [sic] !

Conclusión
Reaccionar pronto para salvar y promover la vida

Llegados hasta aquí en la lectura de este libro, queda claro, por si no lo era antes, que todas las señales vitales están al límite: calentamiento global, pérdida de biodiversidad, contaminación a gran escala, injusticias sociales intolerables, ceguera de una élite cínica y extremista, guerras permanentes y riesgo de guerra mundial. La lista habla por sí sola. El capitalismo agoniza y nos arrastra con él. Al seguir su trayectoria de forma desenfrenada, esta máquina alocada tendrá inevitablemente que detenerse un día por falta de combustible humano. Esto significa que implosionará, tras haber mercantilizado y destruido irreversible e irremediablemente la vida en la Tierra. Dicho de otro modo, este régimen económico detendrá necesariamente su descabellada carrera cuando se alcance uno de los siguientes umbrales: cuando los niveles de contaminación del aire sean demasiado altos para poder respirar bien[139], o cuando su nivel de contaminación y el del agua o del suelo sea demasiado alto

---

139   En 2019, a nivel mundial, 262 millones de personas habían sido censadas como asmáticas, y 455 000 personas murieron tras una crisis de asma. Véase: *Global burden of 369 diseases and injuries in 204 countries and territories, 1990–2019: a systematic analysis for the Global Burden of Disease Study 2019.* Lancet 2020. Estar expuesto a la contaminación atmosférica urbana agrava la mortalidad debida al asma. Véase: *External Environmental Pollution as a Risk Factor for Asthma,* Jose Chatkin, Liana Correa, et Ubiratan Santos, Clinical Reviews in Allergy & Immunology, 2021, ou *Impact of Air Pollution on Asthma: A Scoping Review*, O. Bronte-Morenoa y otros., Open Respiratory Archives, 2023.

para permitir el desarrollo de la vida misma[140], y también cuando el calor ambiental y la sequía sean tan insoportables que perjudiquen notablemente tanto la salud como el trabajo[141], y hayan reducido sumamente la producción agrícola[142], o cuando la pérdida de biodiversidad provoque pandemias repetitivas[143].

El capitalismo es, pues, responsable de los profundos trastornos impuestos a la naturaleza. Nos enfrentamos a una nueva época geológica llamada *Capitaloceno*. Difiere del concepto de Antropoceno, que atribuye los daños infligidos a la naturaleza a los seres humanos

---

140 Según un estudio científico, a nivel mundial, alrededor de nueve millones de personas mueren cada año a causa de la contaminación, ya que están expuestas al aire, al agua y a suelos contaminados con substancias tóxicas. Una de cada seis muertes, es decir, el 16% del total, se debe a la contaminación. Véase: *Pollution and health: a progress update*, Lancet Commission on pollution and health, The Lancet Planetary Health, Mayo de 2022.

141 Véase: *Effects of climate change on combined labour productivity and supply: an empirical, multi-model study*, Shouro Dasgupta et al., Lancet Planet Health 2021.

142 Véase: *Anthropogenic Climate Change Has Slowed Global Agricultural Productivity Growth*, estudio dirigido por Ariel Ortiz-Bobea, Nature Climate Change, 2021.

143 Véase: *La fabrique des pandémies - Préserver la biodiversité, un impératif pour la santé planétaire*, Marie-Monique Robin, La Découverte, 2021.

y no al sistema económico en el que se desarrolla su actividad"[144]: calentamiento global, niveles de contaminación sin precedentes, alteraciones en el ciclo del agua, deforestación, erosión de la biodiversidad, acidificación de los océanos, etc."[145]. Según este concepto, estamos en una "era geológica o período de la Historia en la que el Hombre ha adquirido tal influencia sobre la biosfera que se ha convertido en su actor central"[146]. Esta forma de ver no apunta lo fundamental ya que no tiene en cuenta el contexto, el sistema económico depredador en el que el Hombre se mueve y es incitado a mancillar y destruir la naturaleza, intentando satisfacer sus necesidades mediante el trabajo asalariado. Este sistema de producción, intercambio y destrucción ve la naturaleza como una mercancía, como un recurso inagotable que hay que explotar sin miramientos. Es este sistema, el capitalismo, el que conduce al comportamiento suicida y paradójico del Hombre, que para sobrevivir debe destruir la naturaleza de la que forma parte. Esta es una de las razones por las que, lejos de ser una "organización natural de la sociedad", el

---

144 El Antropoceno se caracteriza pues «por el impacto cada vez más determinante de las actividades humanas sobre los grandes equilibrios de la biosfera y por una presión notable sobre los recursos naturales.» ... «No obstante, focalizándose únicamente en la actividad humana sin más problematización, parece que el concepto de Antropoceno avale la idea de que esta presión sobre el medioambiente esté exclusivamente vinculada a la naturaleza humana y no al sistema económico en el que desarrolla su actividad. Escuchad: *Antropoceno o Capitaloceno*, en la cadena de radio France culture, 11.10.2021

145 Ibid

146 Véase: *Géologie : qu'est-ce que l'anthropocène ?*, Nastasia Michaels, GEO, 04/01/2023

capitalismo se ha ido transformando en un sistema sumamente tóxico con el paso del tiempo.

Para dar cuenta de este fenómeno, lo relevante no es el "Hombre" como entidad abstracta, sino la relación que mantiene con sus congéneres y con la naturaleza en general. Considerar el Antropoceno, en lugar de referirse al Capitaloceno para caracterizar la época actual, equivaldría, por ejemplo, a querer explicar el fenómeno de las mareas por supuestas propiedades intrínsecas de los océanos, obviando por completo la influencia de la rotación de la luna alrededor de la tierra sobre este corriente marina.

La intensificación de los conflictos armados, particularmente en Europa, también puede empujarnos más allá de un umbral a partir del cual peligraría la mera supervivencia de la especie. Las economías de guerra, orientadas principalmente a la producción de armas de destrucción masiva, llevarán a un mayor empobrecimiento de la gente común que haya sobrevivido a la guerra.

Aún estamos a tiempo de actuar para detener la apisonadora que nos aplasta, para que las generaciones actuales y futuras tengan, por ejemplo, otra perspectiva que la del invierno nuclear o la del calentamiento global. Este último crea condiciones insoportables de trabajo a la intemperie en verano. Los casos de insuficiencia renal crónica aumentan por culpa de los ritmos de producción que son incompatibles con unas temperaturas caniculares prolongadas. El sufrimiento extremo y los accidentes se acrecientan en muchos sectores de la economía: la cosecha de caña de azúcar en América Latina; los inmensos talleres de costura en la India, por ejemplo, donde a muchas trabajadoras les cuesta seguir el ritmo para poder cobrar 2 ó 3 míseros euros diarios; la construcción de edificios en los países del Golfo Pérsico, donde son sacrificados los trabajadores extranjeros, como por ejemplo los nepaleses; el sector del reparto en Estados Unidos y otros lugares, donde las deplorables condiciones de trabajo empeoran más si cabe a causa del calor[147]... Así pues, el trabajador es considerado de hecho como mano de obra desechable, fácilmente sustituible por cualquier otro compañero de infortunio, o por un robot, si la tecnología así lo permite.

La gran mayoría de dirigentes políticos son conscientes de que las irrisorias medidas puestas en marcha, o susceptibles de ponerse en marcha en un futuro, presumiblemente para reducir las emisiones de gases de efecto invernadero, no están a la altura del reto, ni mucho menos. Saben muy bien que quienes pertenecen a las clases sociales más pobres son los que están directamente expuestos a

---

147 Véase el documental: *Trop chaud pour travailler*, Mikaël Lefrançois, Thema, Arte, 20.06.2023. Se dice entre otras cosas: "¿Podemos seguir produciendo cada vez más en un mundo que se calienta inexorablemente? Esta edificante investigación arroja luz sobre las consecuencias del aumento de las temperaturas en el lugar de trabajo, que van desde catástrofes sanitarias hasta perjuicios económicos y desigualdades cada vez mayores. Con el calentamiento global, cada vez más trabajadores estarán expuestos al estrés térmico y sus efectos sobre la salud. En algunas partes del mundo, miles de personas ya están muriendo prematuramente, como los emigrantes explotados en las obras de construcción de los países del Golfo Pérsico... En Centroamérica, el calor también está matando gente, pero a fuego lento, en Nicaragua y en El Salvador, una epidemia de insuficiencia renal crónica está diezmando a los trabajadores agrícolas, sobre todo a los cortadores de caña de azúcar, y poniendo a prueba los sistemas sanitarios, desbordados por la afluencia de pacientes que necesitan diálisis. Mientras que la enfermedad parece afectar cada vez a más trabajadores nepaleses que se han marchado para ganarse la vida a Oriente Próximo, también han aumentado los problemas renales entre los repartidores de UPS en Estados Unidos, que hacen sus repartos cronometrados en vehículos sin aire acondicionado. La propia productividad se resiente del aumento global de las temperaturas, como en la India, donde el calor infernal de los barrios pobres asfixia a las costureras a domicilio".

estas catástrofes, que ya se están muriendo por su culpa y que son los que serán sacrificados a gran escala. Los políticos de marras se conforman con esta perspectiva, con todo el cinismo del mundo. El hecho de que el calentamiento climático permita reducir la masa de „pordioseros" susceptibles de convertirse en alborotadores o de rebelarse contra su condición es una perspectiva satisfactoria para la casta que detiene el poder. Con una diminución de la población mundial esta casta podría incluso exhibir límitaciones a las emisiones de gases de efecto invernadero.

En la era de la inteligencia artificial y el ChatGPT, hay dos tipos de "salida" para la gente cada vez más pobres, sin formación profesional particular: pueden recurrir a empleos precarios y mal pagados, como los que ofrece Uber, en la economía informal, o pueden optar por la delincuencia[148]. En realidad, actualmente la economía

---

148   Karl Marx definió de forma clarísima el papel de la economía sumergida, donde reina todo tipo de delincuencia en todas las esferas de la escala social, en *Teorías sobre la Plusvalía*, 1861-1863: "[...] Un delincuente produce delitos. Una mirada más atenta a la relación entre esta última rama de la producción y la sociedad en su conjunto disipará muchos prejuicios. El delincuente no sólo produce delitos, sino también el derecho penal y, en consecuencia, el profesor que da clases de derecho penal, e incluso el inevitable libro de texto a través del cual este mismo profesor arroja sus clases al mercado como una, mercancía" más. [...] El criminal produce también toda la organización de la policía y de la justicia penal, los agentes, jueces, verdugos, jurados, etc., y cualquiera de esos diferentes oficios que constituyen las múltiples categorías de la división social del trabajo; éstas desarrollan las diversas facultades de la mente humana, crean nuevas necesidades y nuevas formas de satisfacerlas. La tortura por sí sola ha dado lugar a algunas de las invenciones mecánicas más ingeniosas, y ha mantenido ocupados a muchos artesanos honrados para fabricar estos instrumentos.

capitalista formal casi no los necesita, algo que por lo general han comprendido muy bien, y que los recurrentes disturbios en los suburbios franceses ilustran a la perfección.

Deshacerse de lo superfluo y lo "nocivo" está en el orden del día de los poderosos de turno, al igual que siguen haciéndolo con los mosquitos y los insectos. Esta situación y este "cinismo" son intolerables. Sería preferible anticipar el bloqueo inevitable de la economía actual, poniendo freno a esta máquina disparatada que está destrozando a los seres humanos y a la naturaleza en general, y que impone al común de los mortales una lúgubre competitividad,

---

El criminal produce una impresión a veces moral, a veces trágica -según los casos- y también presta un „servicio" a las emociones morales y estéticas del público. No sólo produce obras sobre derecho penal, el Código Penal y los legisladores, sino también arte, literatura, novelas e incluso tragedias. [...] El criminal crea una diversión en la monotonía y la tranquila seguridad de la vida burguesa. La preserva del letargo y da lugar a esa tensión y emotividad inquietas sin las cuales el acicate de la competencia acabaría por decaer por sí mismo. El delincuente da así un impulso a las fuerzas productivas. Por un lado, el crimen retira del mercado de trabajo una parte de la población excedente y reduce así la competencia entre los trabajadores; por otro lado, la lucha contra el crimen absorbe otra parte de la misma población. El delincuente aparece así como uno de esos factores „igualadores" naturales que restablecen el equilibrio beneficioso y abren toda una nueva perspectiva de ocupaciones „útiles". Esta influencia de los delincuentes en el desarrollo del poder productivo podría demostrarse hasta en el más mínimo detalle: ¿habrían alcanzado las cerraduras su perfección actual si no hubiera ladrones? ¿Habría alcanzado la fabricación de billetes de banco su nivel actual de perfección sin falsificadores? [...] Con sus formas siempre renovadas de atentar contra la propiedad, el crimen provoca constantemente nuevos medios de defensa y sus efectos son tan productivos como los de las huelgas que influyen en la invención de las máquinas".

una carrera sin fin. Como escribe Fabio Merlini: *"La 'máquina' gira a una velocidad increíble, pero en este torbellino -al que nuestra vida cotidiana se somete como si se tratara de un destino inevitable- nos cuesta encontrar una posición capaz de dar sentido a nuestras acciones"*[149].

En este contexto, conviene pararse a pensar hacia dónde queremos ir y qué debemos dejar atrás. Tomarse el tiempo de reflexionar nos ayuda a comprender, antes que nada, que en una sociedad digna de ese nombre, en una economía verdaderamente bien organizada, no tiene por qué convertirse el progreso tecnológico en regresión social, marginando cada vez a más gente. Al contrario, debería reducir considerablemente el tiempo de trabajo productivo, condición indispensable para la plenitud humana. Hay que entender que las profundas crisis climáticas, sociales y económicas no se deben a errores cometidos por los gobiernos o las grandes empresas. Son las crisis permanentes[150] inherentes a un sistema sin aliento e incapaz de garantizar la prosperidad y las condiciones mínimas de supervivencia para el género humano. Debemos darnos cuenta de que el Estado debilita, incluso destruye, las defensas inmunitarias de los que considera como sus ciudadanos, aniquilando su capacidad de protegerse, de defenderse como es debido. Hay que percatarse de que, estén donde estén, al Este o al Oeste, al Norte o al Sur, de izquierdas o de derechas, son los Estados los que mantienen a la fuerza este régimen económico agonizante[151]. Hay que comprender

---

149   Véase: *L'époque de la performance insignifiante – Réflexions sur la vie désorientée*, Fabio Merlini, les éditions du Cerf, 2011.

150   Véase: *La crisis permanente*, Marc Chesney, Bellaterra Edicions, 2021.

151   Véase: *Fucilazos sobre el Estado,* resumen de un libro inédito de G. Munis, en la revista *El Arma de la crítica*, diciembre de 1988.

que este régimen, tan asfixiante como obsoleto, en avanzado estado de descomposición, debe considerarse como un antiguo régimen del que hay que deshacerse antes de que nos arrastre definitivamente en su caída. Debemos comprender la dinámica que conduce a su superación. Debemos concebir la creación de una verdadera sociedad, un sistema en el que el ser humano y la naturaleza de la que forma parte dejen de ser mercantilizados. Debemos concienciarnos de que este proyecto es a la vez vital y realizable, de que la meta es alcanzable, pese a que es mantenida en la oscuridad por una despiadada oligarquía que hace todo lo posible por imponerse. Hay que asimilar que no se puede poner fin a la destrucción de la naturaleza sin abordar la cuestión social, es decir, sin acabar con la despiadada explotación de los seres humanos por parte de esta oligarquía, y entonces acabar con la división del género humano en clases sociales. Por último, citando a Saint-Just, de quien se hace eco Sophie Wahnich, hay que "hacer una ciudad" para promover el "vínculo civil"[152].

Esta reflexión conlleva el cese de las actividades en los sectores clave de este sistema. Hay que negarse a ser reclutados para las guerras: sin carne de cañón, no resulta tan fácil llevarlas a cabo. Hay que detener la producción y el desarrollo de armas de destrucción masiva. Para ello, muchos físicos podrían desempeñar un papel esencial, al igual que los informáticos, que también podrían paralizar las finanzas de casino. Éstas ya no existen realmente sin un soporte digital. Sería un paso adelante decisivo bloquear las transacciones en los mercados financieros y borrar las huellas informáticas de las que ya han sido realizadas. Los contratos relacionados con la deuda y los productos financieros complejos, como los deriva-

---

152   Véase el excelente libro: *La Révolution des sentiments - comment faire une cité?* Sophie Wahnich, Le Seuil, 2024.

dos, se ratifican en gran medida en línea. Acabar con su dominio sobre el mundo es esencial. Hay que rechazar los recortes en los presupuestos públicos de educación, sanidad, transporte público, pensiones, seguro de desempleo, etc. Hay que negarse a reconocer la deuda pública, especialmente si se trata de financiar la guerra. Hay que detener la producción y el transporte de pesticidas para evitar la destrucción de la naturaleza. Los vuelos en los aeropuertos sólo deberían permitirse con carácter excepcional, para reducir drásticamente las emisiones de CO_2 de este sector. Hay que acabar con la producción y el uso de bienes de lujo, sobre todo si emiten enormes cantidades de dióxido de carbono, como los coches de gran cilindrada, los jets privados y los superyates que poseen los ricos con un ego desmesurado y tartufos de todo tipo. Hay que quitarles esta profusión de juguetes irrisorios y lujosos. Por último hay que acabar con la esclavitud del trabajo asalariado y socializar la producción. Citando de nuevo a Sophie Wahnich, necesitamos salir de nuestro aislamiento para "pensar juntos a fin de producir una inteligencia colectiva que sea revolucionaria[153]", y haga que la Historia cambie de rumbo.

En pocas palabras, se trata de actuar para PONER FIN a las actividades tóxicas, así como a la mercantilización y destrucción de lo vivo. Se trata de preservar y promover la vida y socavar el sentimiento de impotencia[154] que nos asalta ante las catástrofes, pasadas, presentes o futuras, si nada se hace al respecto.

---

153   Ibid p. 37.

154   En cuanto al sentimiento de impotencia, veáse en particular: *Stridences en conjoncture trouble, notre situation historique*, Sophie Wahnich, Excès, 2021, p.6.

Esta
primera
edición de *Stop:*
Alarma contra la mercan-
tilización y destrucción de lo
vivo de Marc Chesney, ha sido
impresa con papel ahuesado,
de 80 gramos. Se ha utilizado
la tipografía Garamond Pro.
Y se terminó de imprimir en
Reprográficas Malpe, en el
mes de febrero del año
2025.